도대체 왜 회사는 학교처럼 가르쳐주지 않을까?

회사는 학교가 아니다

최성락·윤수경
지음

아템포

차례

프롤로그 언제까지 학생처럼 생각할 것인가? : 007
에필로그 그래, 완생이 되는 그날까지! : 234

1장
학생의 사고방식 vs 사회인의 사고방식

학생 때 우등생이 왜 사회에서는 우등생이 아닐까? : 014
학교생활 16년이 학생의 사고방식을 만든다 : 020
학생의 환경 vs 직장인의 환경 : 026
서로 유사한 학교생활 vs 서로 다양한 사회생활 : 032
학벌이 인생을 결정짓는다 vs 학벌은 인생 성공과 큰 상관없다 : 039
학벌은 평생 간다 vs 학벌은 학생일 때만 영향을 미친다 : 045
대학 전공은 중요하다 vs 대학 전공은 그렇게 중요하지 않다 : 051

2장
직장생활에 대한 최소한의 예습

똑똑한 사람이 취업한다 vs 회사에 맞는 사람이 취업한다 : 058
빨리 취직하는 게 좋다 vs 취직을 언제 하는가는 중요하지 않다 : 064
어떤 회사인가 중요하다 vs 어떤 업무인가가 중요하다 : 071
답을 아는 게 중요하다 vs 설명과 설득이 중요하다 : 078
못하는 게 없어야 한다 vs 하나라도 제일 잘하는 게 있어야 한다 : 085
학교는 상대평가 vs 직장은 절대평가 : 092
직장을 가지면 성공이다 vs 직장을 가지면 그때부터 시작이다 : 098

3장
인간관계에 대한 초짜 미생들의 7가지 오해

나이는 중요하다 vs 나이는 중요하지 않다 : 106
선후배 관계는 영원하다 vs 선후배 관계는 뒤집힐 수 있다 : 112
자기 또래와의 인간관계가 중요하다 vs 나이 차이가 나는 사람과의 인간관계가 중요하다 : 118
학교는 운명이다 vs 회사는 선택이다 : 125
학교는 공동체 vs 회사는 계약 관계 : 131
내면이 중요하다 vs 외모와 첫인상이 중요하다 : 138
싫은 사람과는 같이 안 지낼 수 있다 vs 싫은 사람과도 같이 지내야 한다 : 144

4장
돈, 돈을 주고서라도 배워야 할 생존의 지식

학교에서는 돈을 가르치지 않는다 vs 사회에서는 돈을 배워야 한다 : 152
돈보다 중요한 것이 많다 vs 직장에서는 돈이 가장 중요하다 : 158
공부를 잘하면 부자가 될 수 있다 vs 공부를 잘하는 것과 부자 되는 건 관계없다 : 164
열심히 하면 돈을 벌 수 있다 vs 열심히 한다고 돈이 벌리지는 않는다 : 171
절약과 저축이 중요하다 vs 투자가 중요하다 : 177
경제 지식은 중요하지 않다 vs 경제 지식은 중요하다 : 183

5장
예비 미생들이 꼭 알아야 할 공부에 대한 진실

학점은 중요하다 vs 학점은 중요하지 않다 : 190
토익 점수가 높아야 한다 vs 토익 점수는 상관없다 : 196
자격증이 많으면 좋다 vs 대부분의 자격증은 쓸모없다 : 203
학생은 아마추어의 지식 vs 직장인은 프로의 지식 : 209
무엇을 공부할지 학교에서 정해준다 vs 무엇을 공부할지 스스로 찾는다 : 215
책은 진리다 vs 책은 여러 의견 중 하나다 : 221
졸업하면 공부는 끝이다 vs 공부는 평생 해야 한다 : 227

프롤로그

언제까지 학생처럼 생각할 것인가?

나는 대학에서 교수로 일하고 있다. 그래서 정기적으로 학생들을 면담한다. 이때 뭔가 대화가 답답하게 풀리는 일이 잦다.

상황 1

학생 : 졸업한 후에 바로 취업하려고 합니다.

교수 : 취업하기 위해 따로 준비하는 게 있나요?

학생 : 자격증 공부를 하고 있어요.

교수 : 어떤 자격증인가요?

학생 : (의미 없는 자격증 이름을 말하며) ○○○ 자격증이요.

교수 : 그 자격증이 있으면 취업에 도움이 된대요? 누가 그런 말을 해요?

학생 : 친구들이 다 그렇게 말하던데요. 그리고 자격증이 많으면 좋은 거잖아요.

상황 2

학생 : 계속 토익 공부를 열심히 하고 있어요.

교수 : 지금 토익 점수가 몇 점 정도 나와요?

학생 : 910점 정도 나와요.

교수 : 그 정도 점수를 받았는데도 계속 토익 공부를 하는 건가요?

학생 : 950점 받은 친구들도 있는데요…….

상황 3

학생 : 학교가 별로인데 좋은 회사에 취직할 수 있을까요?

교수 : 선배들이 어느 회사에 들어갔는지 관찰해보세요. 좋은 회사에 들어간 사람들 많잖아요.

학생 : 그래도 학교가 안 좋아서…….

상황 4

학생 : 학점이 낮은데 취업할 수 있을까요?

교수 : 선배들 경우를 보면 꼭 학점 좋은 사람만 취업한 게 아니잖아요. 학점이 낮아서 취업 못한 사람은 없는데요. 학점 좋은 사람들보다 취업이 조금 늦어지는 경우는 있지만 결국 모두 취업을 해요.

학생 : 늦게 취업하면 더 안 좋은 회사에 들어가야 하잖아요.

교수 : 빨리 취업하면 좋은 회사에 가는 거고 늦게 취업하면 안 좋은 회사에 가는 건가요?

면담을 하다 보면 학생들의 기본적인 발상을 알 수 있다. 성적이 좋을수록 사회에서 더 크게 더 빨리 성공할 수 있다는 믿음을 가지고 있다. 토익 점수가 더 높을수록 좋을 거라 여긴다. 마찬가지로 무조건 학점이 높아야 좋다고 생각한다. 그리고 출신 학교가 좋을수록 더 잘살 수 있다고 받아들인다. 또한, 사회에 더 빨리 자리를 잡을수록 더 좋다고 생각한다.

그래서 토익 점수가 900점이 넘었는데도 계속 토익 공부만 하고 있다. 학점이 3.8이 넘는데도 학점 4.0을 넘기 위해 안달이다. 여러 가지 자격증을 따기 위해서 노력하고, 친구들보다 더 빨리 더 좋은 회사에 취업하려고 애쓴다.

한두 명의 학생들이 그런 식으로 생각하면 이 사람의 사고방식이 독특하다고 생각하고 넘어갈 수 있다. 그러나 거의 모든 학생이 그런 식으로 생각한다. 학점과 점수가 굉장히 중요하다고 간주하고 학교 이름이 살아가는 데 큰 영향을 미치는 것으로 생각한다. 그리고 빨리 자리를 잡는 것이 성공이라고 생각한다.

하지만 이 사회는 그렇게 돌아가지 않는다. 학점은 대학 내에서만 의미가 있는 것이지 사회에서는 중요하지 않다. 이 학생이 계속 학교에 남아있다면 모를까, 취직해서 사회에 나가려고 하는 학생이 학점에 연연하는 것은 우스운 일이다. 학벌도 그렇다. 많은 사람이 학벌이 중요하다고 생각하지만, 실제는 다르다. 일터에서 만난 사람들 사이에서는 상대방이 어느 대학을 나왔는지 거의 모른다. 친한 사이라면 서로의 출신 대학을 알 수 있겠지만, 공식적 관계에서는 그가 어느 대학을 나왔든 상관없다. 알려고도 하지 않는다.

그런데 왜 모든 학생이 학점과 영어 점수, 출신 대학이 중요하다고만 생각하는 걸까? 학교에서는 이런 것들이 중요하다고 강조하지만, 사회에서는 그리 중요하게 받아들이지 않는다. 그런데 돌이켜보니 이 학생들은 어려서부터 지금까지 학교에서만 살아왔다. 초등학교부터 대학까지, 철들고부터 성년이 될 때까지 학생으로만 살아왔다. 그래서 학생의 사고방식만 알고 있다. 학교에서 중요하다고 생각하는 것들만 알고 있다. 그래서 이 사회에서도 학교에서의 논리가 그대로 통용될 거라 생각하는 것이다.

하지만 학교에서의 논리와 사회에서의 논리는 다르다. 학교에서 중요하게 생각하는 것과 사회에서 중요하게 생각하는 것은 다르다. 이제 학교를 떠나 사회에 진출하려는 학생들은 사회의 논리에 맞게 준비해야 한다. 사회에 진출해서 직장을 가지려는 학생들이 학교의 논리에 따라 준비하면 안 된다. 학교의 논리에 맞추어 준비한 것은 사회에 나가면 아무 쓸모가 없다.

그리고 학교를 떠나 사회에서 직장인이 되면, 그때까지 학교에서 일반적으로 가지고 있던 가치관도 완벽하게 달라져야 한다. 사회에 나갔는데도 학교의 논리와 사고방식대로 산다면 뭔가가 잘 굴러가지 않는다. 자신은 열심히 사회생활을 하는데도 뭔가 잘 풀리지 않는다면 혹시 학생의 사고방식으로 사회생활을 하고 있는 건 아닌지 점검해 보아야 한다. 이처럼 사회의 논리에 맞추어 사회생활을 하지 않고 학생의 사고방식으로 사회생활을 하는 사람들이 엄연히 존재하는 것이 현실이다.

그동안 지냈던 학교를 떠나 사회로 나가는 일은 정신적으로 이민 가는 것과 비슷하다. 예를 들어 계속 한국에서 살다가 미국으로 이민 가는 사람의 처지와 같다. 한국에서는 된장찌개를 맛있게 끓이고 김치를 맛있게 담그는 일이 매우 중요하다. 하지만 미국에서는 된장찌개를 맛있게 끓이는 일이 그렇게 중요하지 않다. 그런데 미국 이민을 준비하는 사람이 된장찌개를 맛있게 끓이는 연습을 한다면 얼마나 우스꽝스러운가. 더구나 이를 본 친구가 곧 미국으로 떠날 사람이 왜 된장찌개 끓이는 훈련을 하냐고 물을 때 "(한국에서는) 된장찌개를 맛있게 끓이는 게 중요하잖아"라고 대답하는 것은 얼마나 어처구니없는 일인가. 한국에서는 된장찌개가 중요하다. 그래서 된장찌개를 맛있게 끓이는 것이 경쟁력이 있다. 하지만 미국에서는 된장찌개보다는 스테이크가 더 중요하다. 미국에서 살아가려고 한다면 스테이크 굽는 법을 배우는 것이 더 필요하다.

이와 마찬가지다. 학생일 때 필요하고 중요한 것과 사회인으로서, 직장인으로서 필요하고 중요한 것은 다르다. 그런데 아직 학생들은 어려서부터 지금까지 학생으로만 살아왔다. 그래서 학생의 사고방식이 사회 전반에 모두 통용되는 사고방식인 줄 알고 있다. 학생의 사고방식에 맞추어 직장을 준비하고 있다. 그리고 사회에 진출해서도 학생의 사고방식으로 계속 살아가는 경우도 많다. 미국에 이민 와서 주변 환경이 확 바뀌었는데도 한국에서의 생활과 사고방식을 계속 유지하면서 사는 셈이다. 이러면 사소한 것에서부터 서로 맞지 않고 부딪히는 상황이 발생한다.

  이 책에서는 학생의 사고방식과 사회인, 직장인의 사고방식이 어떤 차이가 있는가를 개관해보고자 한다. 학생들이 중요하다고 생각하는 것과 직장인이 중요하다고 생각하는 것에 어떤 차이가 있는지를 살펴볼 것이다. 사실 나의 경우 학생 신분에서 벗어난 지 오래되다 보니 학생 때 어떻게 생각했었는지에 대해 많이 잊어버리고 있었다. 최근 학생들의 사고방식에 대해서는 그동안 직장생활을 하다가 최근 다시 학생 신분으로 돌아간 공저자 윤수경의 도움이 컸다. 그녀의 도움으로 많은 자료들을 수집할 수 있었다. 그렇게 학생들의 사고방식을 다시 살펴보다 보니 나 역시 학생 때는 학생의 방식으로 생각했다는 것이 떠올랐다. 당시에는 잘 인식하지 못했지만, 나 역시 분명히 학생 때는 그런 식으로 생각했고 그동안 사회인으로, 직장인으로 살아오면서 생각이 많이 달라져왔음을 확인할 수 있었다.

  사실 학생의 사고방식이 학생의 입장에서, 혹은 사회 초년생의 입장에서 틀렸다고 볼 수는 없다. 아직 학교생활이 많이 남아 있는 중고등학생들은 계속 학생의 사고방식으로 살아도 큰 문제가 없다. 하지만 이제 사회에 진출하고자 하는 대학생들, 그리고 사회에 막 진출한 직장인들은 학생의 사고방식에서 하루빨리 벗어나서 사회인으로서의 가치관과 사고방식을 갖추는 일이 절실하다. 그런 사고방식의 전환에 이 책이 어느 정도 기여할 수 있기를 바란다.

저자를 대표해서 최성락

1장

학생의 사고방식
vs
사회인의 사고방식

학생 때 우등생이
왜 사회에서는 우등생이 아닐까?

한 사람을 떠올려보자. 그는 학생 때는 우등생이었다. 중학교와 고등학교에 다닐 때 학업 성적이 좋았고 선생님께 칭찬도 많이 들었다. 친구들과의 관계도 좋았다. 별다른 문제가 없었을 뿐 아니라 모범생으로 학교생활을 했다. 고등학교를 졸업해서 좋은 대학교에도 들어갔다. 대학생활도 잘했다. 수업도 잘 들었고 학점도 잘 받았다. 교수들한테 인정도 받았고 같은 과 친구들 사이에서 부러움도 샀다. 학교 수업 외에 취업에 필요하다는 것도 충실히 했다. 영어 공부도 제대로 해서 토익 점수도 잘 받았다. 스펙이 중요하다고 하여 봉사활동을 하고 공모전에도 참여했다. 최소한 다른 친구들이 하는 것들은 모두 다 했다. 자격증이 있으면 좋다고 해서 자격증도 몇 개 땄다. 동기들과 비교해서 뒤처질만한 것은 없었다. 최소한 다른 친구들이 하는 만큼은 다 했다. 중학교에서부터 고등학교, 대학 때까지 우등생으로 지내왔고 또한 모범생이었다.

이렇게 열심히 학교생활을 했는데 막상 졸업할 때가 되니 취직이 잘 안 된다. 학점도 괜찮고 영어 토익 점수도 괜찮다. 자격증도 있고, 스펙도 다른 친구들에 비해서 그렇게 뒤지지 않는다. 학교생활을 충실히 잘해왔고 무엇하나 특별히 빠지는 게 없다. 그런데 왜 취업이 안 되는 걸까?

학교생활을 열심히 제대로 해왔음에도 취업이 잘 안 되는 현실 앞에서 생각에 잠긴다. 그리고 그 이유에 대해 이렇게 생각한다.

취업이 잘 안 되는 이유를 살펴보니 아무래도 나의 학벌이 낮은 거 같다. 괜찮은 대학에 다니고 있기는 하지만 소위 명문대는 아니다. 내가 명문대를 나오지 않았기 때문에 취직을 못하는 게 아닐까?

나는 토익 점수가 800점 정도 된다. 이 정도면 그렇게 나쁘지는 않은 점수다. 하지만 900점이 넘는 사람들도 많다. 나는 그 사람들에 비해서 토익 점수가 무려 100점이나 낮다. 토익 점수가 낮아서 취직이 안 되는 게 아닐까? 토익 공부를 더 해서 900점을 넘겨야겠다.

자격증이 부족해서 취직을 못하는 게 아닐까? 자격증을 더 따야겠다.

이 학생의 생각은 옳은 것일까? 정말 이런 이유 때문에 취업이 안 되는 걸까? 그러면 명문대 나온 사람들은 다 취업이 잘될까? 그렇지 않다. 서울대 취업률은 다른 대학교 취업률보다 특별히 높지 않다. 한국에서 명문대라 일컫는 서울대, 연세대, 고려대의 취업률은 100퍼센트가 아니다. 다른 대학과 비슷한 수준이다. 명문대를 나오면 취직을 하고 명문대를 나오지 않으면 취직이 어려운 게 아니란 이야기다.

토익 900점이 넘으면 취업이 다 될까? 아니다. 토익 900점을 넘겼지만, 취업을 못하고 있는 사람이 취업 시장에 무수히 많다. 그렇다면 토익 900점 가지고는 어렵고 950점 이상의 고득점이어야 취직을 할 수 있을까? 짐작만 할 게 아니라 취업한 사람들의 토익 점수가 얼마인지를 보면 금세 답을 찾을 수 있을 것이다. 실제로 취업한 사람들의 토익 점수를 살펴보면 실로 다양함을 알 수 있다. 900점 넘는 사람들도 있지만, 800점대나 심지어 700점대도 수두룩하다. 토익 시험을 본 적이 없는데 좋은 회사에 취직한 사람들도 있다.

도대체 왜 명문대를 나오면 취업이 잘된다고 생각하는 걸까? 왜 영어 점수가 높으면 취업이 잘된다고 생각할까? 자격증이 많으면 취업이 잘된다고 여기는 근거는 무엇인가? 옆에 있는 친구들은 그렇게 말할 것이다. 학교 선생(교수)님도 그런 식으로 말한다. 그런데 회사에서 나를 뽑아줄 사람은 친구가 아니다. 선생(교수)님도 아니다. 나를 뽑아줄 사람은 회사의 인사부서 실무자나 임원들이다. 그런데 회사의 인사부서 실무자나 채용 결정권을 가진 임원이 "나는 명문대생을 뽑을 것이다"라고 선언한 적이 있는가? 토익 점수가 높은 사람을 뽑겠다고 말한 적이 있는가? 혹은 학교 성적이 좋은 순서대로 직원을 뽑겠다고 이야기하는 것을 들어본 적이 있는가?

회사가 사람을 뽑을 때는 영어 점수에 좌우되지 않는다. 학점이 높은 사람을 우선 선발하지도 않는다. 자격증이 있다고 사람을 뽑지도 않는다. 특히 명문대 출신이라고 해서 무조건 채용하지도 않는다. 영어 점수, 학점, 학벌을 가지고 사람을 뽑는 건 학교다. 학교는 학생을 뽑을 때 이런 기준을 적용한다. 하지만 회사는 이런 기준으로 신입사원을 선발하지 않는다. 세상에 어느 회사도 토익 점수, 학점 순으로 사람을 뽑지 않는다. 단지 학교만 그런 식으로 입학생을 뽑는다.

한마디로 요약해보자. 학생들이 취업을 위해서 노력하는 것, 학생들이 학교생활을 하면서 달성하고자 하는 것은 회사 입장에서 볼 때 바람직한 인재상이 아니다. 그것은 학교에서 보는 우수한 학생상일 뿐이다. 학교에서는 영어 점수, 학점, 학벌, 스펙 등을 중요시한다. 그래서 학생들은 학교에서 요구하는 이러한 조건들을 충족시키려고 노력한다. 하지만 이런 것들이 직장에서도 그렇게 중요할까? 사회생활을 하면서도 이런 것들이 정말로 절실할까?

취업하고 난 다음에도 마찬가지다. 학교에 다닐 때는 우등생이었는데 직장생활에서는 우등생이 아니다. 신입사원 때는 그래도 패기 있다는 말을 들었는데 시간이 갈수록 그냥 평범한 직장인이 되어 간다. 내가 특별히 잘못한 건 없다. 학교생활을 할 때처럼 성실하게 회사생활을 했다. 학교에서는 이렇게 성실하게 하면 우등생이 되었는데, 회사에서는 성실하게 업무를 하는데도 우수 사원이 되지 못했다. 나이가 들면서는 회사에 짐이 되는 것 같다. 회사를 그만둬야 할 때가 점차 가까워져 온다. 학생 때는 우등생이고 모범생이었다. 장래가 촉망되는 학생이었다. 그런데 회사생활에서는 한 번도 두각을 나타내지 못했다. 그냥 평범한 직장인, 흔해 빠진 사회인이 되었다. 도대체 왜 이렇게 된 걸까?

이유는 어렵지 않게 찾을 수 있다. 직장에서 요구하는 인재상, 그리고 사회에서 요구하는 인재상은 학교에서 요구하는 인재상과 다르기 때문이다. 사회에서 인재라고 인정받는 사람과 학교의 우등생은 다르다는 뜻이다. 사회에서 정말 필요로 하는 사람이 갖추어야 할 조건과 학교에서 모범생이 되기 위한 조건이 다른 것이다.

학교에 다닐 때는 정말 우등생이고 모범생이었는데 왜 사회에 나가서는 우등생이 되지 못하는 걸까? 학교에 다닐 때는 정말 잘나갔는데, 왜 사회에서는 그저 그런 평범한 직장인이 되고 만 것일까? 학교에 다닐 때는 선생님에게 칭찬을 많이 받았는데, 왜 회사에서는 상사에게 인정받지 못할까? 학교에 다닐 때는 친구들하고 정말 잘 지냈는데, 왜 회사 동료와는 잘 지내지 못할까?

학교에서 우등생이 되는 조건과 직장에서 우수 사원이 되는 조건이 달라서다. 학교에서 모범생이 되는 데 필요한 것과 사회에서 모범인이 되는 데 필요한 것이 다르기 때문이다. 그런데 많은 사람이 학교를 졸업하고 사회에 진출할 때가 되어도 학생의 사고방식에 빠져 있다. 학생의 신분을 벗어나서 직장인의 신분을 갖게 된 이후에도 학생의 사고방식을 가지고 살아가는 사람들이 많다.

학생일 때는 학생의 사고방식을 가지고 살아가는 것이 바람직하다. 학생의 사고방식을 가지고 학교생활을 하면 우등생이 될 수 있다. 그런데 학생 중에서도 사회인의 사고방식을 가진 이들이 있다. 이런 학생들은 학교에서 우등생이 되지 못한다. 학교에서 우등생, 모범생이 되는 학생은 학교에서 요구하는 학생의 사고방식을 가진 학생들이다.

하지만 사회에 진출해서는 학생의 사고방식을 버려야 한다. 사회에 나가서도 학생의 사고방식을 가지고 살아가게 되면 사회에 제대로 적응하기 힘들다. 사회에서는 사회인의 사고방식을 가지고 살아가야 한다. 사회인의 사고방식을 가지고 직장생활을 하는 사람이 사회의 우등생이 된다.

학교생활 16년이
학생의 사고방식을 만든다

한국인은 여덟 살에 초등학교에 입학한다. 생일이 빠른 사람은 일곱 살 때 초등학교에 들어갈 수도 있다. 어쨌든 대한민국 사람이면 누구나 7~8세에 초등학교에 들어가 학교생활을 시작한다. 초등학교는 의무교육이다. 그래서 누구나 초등학교 6년을 다니고 졸업을 해야 한다. 초등학교 6년을 졸업하면 중학교에 들어간다. 중학교도 의무교육이다. 3년 동안 학교에서 교육을 받아야만 한다.

고등학교부터는 의무교육이 아니다. 하지만 한국 사람은 거의 100퍼센트 고등학교에 진학한다. 일반계 고등학교를 들어가든, 특성화 고등학교에 들어가든, 어쨌든 중학교 졸업생 대부분이 고등학교에 들어가서 졸업을 한다.

고등학교를 졸업하면 대학교를 들어간다. 우리나라의 대학교 진학률은 세계 최고 수준이다. 고등학교 졸업생 중 거의 80퍼센트가 대학교에 진학한다. 유럽의 선진국에서는 일반적으로 50~60퍼센트만 대학에 진학한다. 하지만 한국에서는 고등학교를 졸업하면 당연히 대학교를 들어가는 것으로 생각한다. 대학을 다닐 수 없는 특별한 집안 사정이 있는 경우를 제외하고는 대부분이 진학의 길로 들어선다. 좋은 대학교를 들어가느냐, 안 좋은 대학교를 들어가느냐, 4년제를 들어가느냐, 2년제를 들어가느냐 등의 차이는 있지만, 어쨌든 고등학교 졸업생 중 80퍼센트가 대학에 들어간다.

초등학교에 입학해서부터 대학교를 졸업할 때까지 기본적으로 16년이 걸린다. 이 16년 동안 학생으로 지낸다. 사람에 따라 16년의 학교생활 기간이 달라질 수도 있다. 유치원을 다닌 사람들은 그만큼 학교생활이 늘어난다고 볼 수도 있다. 유치원을 다니는 것도 학교에 다니는 것과 그리 큰 차이는 없다. 고등학교를 졸업한 다음에 재수하는 사람들도 많다. 재수 학원에 다니는 것도 학교생활이다. 그리고 요즘 대학생들은 보통 4년 만에 대학을 졸업하지 않는다. 중간에 휴학하고, 어학연수를 갔다 오고 하느라 4년보다 더 길게 대학생활을 한다. 이렇게 저렇게 따지면 20년 넘게 학생으로 지내는 사람들도 많다.

대학을 졸업하는 나이는 20대 중반이다. 군대를 갔다 오게 되면 20대 후반이다. 이 나이가 되기까지 20년 가까이 학생으로 살아왔다. 즉 20대라면 인생 대부분을 학생으로 지내온 셈이다. 초등학교에 들어가기 전에는 학생이 아닌 시기가 있기도 하다. 하지만 이렇게 어린 시절은 거의 기억이 나지 않는다. 20대가 기억할 수 있는 시기는 모두 학생일 때이다. 한마디로 학생으로 평생을 지냈다.

누구나 한 분야에서 10년을 넘게 지내면 그 분야의 전문가가 된다. '10년 법칙' 혹은 '1만 시간의 법칙'이란 말도 있다. 한 분야에서 1만 시간을 보내면 그 분야의 전문가가 된다. 하루 3시간씩 10년이면 1만 시간이 된다. 그래서 10년이면 그 분야의 전문가가 될 수 있다.

하루 3시간씩 10년 동안 그 분야에 종사하면 그 분야의 전문가가 된다. 전문가는 단순히 어떤 전문 기술을 가지고 있다는 것만을 의미하지 않는다. 사고방식도 그 분야에 맞게 세팅이 되어 있다. 평범한 사람들과 달리 전문가들은 자기 전문 분야의 시각으로 세상을 바라본다. 세상의 모든 현상을 자기 전문 분야의 시각으로 해석하고 판단한다. 그래서 전문가다.

유럽 여행을 다닌다고 하자. 보통 사람들은 유명한 성당을 보고 그냥 멋있다고 감탄을 한다. 그러나 건축가는 건축 구조를 살핀다. 경제학자는 이 성당을 짓기 위해 비용이 얼마나 들었는지, 이 비용을 어떻게 마련했는지를 생각한다. 미술가는 성당 안에 있는 조각과 그림들에 관심을 품고 살펴본다. 사회학자는 이 성당이 그 지역에서 의미하는 가치 등을 고려한다. 각 분야의 전문가들은 서로 시각이 다르다. 자신의 시각으로 세상을 해석하고 판단한다. 그리고 자신의 전문적 시각에서 우러난 행동을 한다.

그런데 학생들은 학교생활을 10년 이상 한다. 못해도 14~16년 동안 학교생활을 한다. 하루에 3시간씩만 하는 것도 아니다. 초등학생들도 하루 평균 5~6시간은 학교에서 지낸다. 중학교, 고등학교에 들어가면 종일 학교에 있다. 학교 수업시간이 끝났다고 학교생활을 마치는 건 아니다. 학교가 끝나면 학원을 간다. 학원생활은 학교생활과 별다를 게 없다. 요컨대 학교생활을 종일 하는 셈이다.

대학교에 들어가면 학교 수업시간이 하루 평균 3시간 정도다. 수업 준비나 시험 준비를 하면 하루 3시간이 넘는다. 영어학원에 다니거나 하면 학교생활이 더 늘어난다. 한국 학생들은 하루 3시간 이상의 긴 시간을 10년 이상의 긴 기간 동안 학교생활을 한다. 이렇게 한국의 20대는 학교생활에 대한 전문가가 된다.

20대들은 학교생활에 관해서는 모두 전문가다. 이 정도 전문성을 가지면 단순히 학교에 왔다 갔다 하는 행동적인 측면만이 아니라 사고방식도 변한다. 학교 전문가로서의 사고방식이 자기 몸과 마음에 체화된다. 학생으로서의 사고방식을 완전히 갖추게 된다. 학생이 지녀야 할 사고방식을 갖추고 학생에게 필요한 가치관을 지닌다. 학생 신분에 맞는 행동을 하게 되고, 학생이 해야 할 일이 무엇인가를 알게 된다. 이렇게 학생의 사고방식을 완전히 받아들이고, 학생으로서 해야 할 행동을 제대로 수행하는 사람들은 우등생이 되고 모범생이 된다.

그렇게 대학생활을 지내고 나면 사회에 진출할 때가 된다. 취업하려 하고, 직장을 가진다. 지금까지의 학생 생활에서 벗어나 사회에서 직장인의 삶을 시작하게 된다. 직장인의 삶, 사회인의 삶은 학생의 삶과 완전히 다르다. 전적으로 다른 사회로 진입하는 것이다. 한 분야의 전문가가 다른 전문 분야로 들어가는 셈이다. 이렇게 다른 전문 분야로 들어가면 요구하는 기술이 달라진다. 기술뿐만이 아니다. 그 분야에서 요구하는 사고방식도 달라진다. 학생에서 직장인으로 신분이 변화하면, 학생의 사고방식에서 직장인의 사고방식으로 변화되어야 한다.

그런데 그게 쉽지 않다. 학생의 사고방식이 직장인의 사고방식으로 변화하는 게 쉽지 않다. 학생들은 사회에 진출하기 전까지 16년 넘게 학교생활을 해왔다. 학생의 사고방식을 16년 넘게 유지하며 계발해왔다. 그런데 이런 학생의 사고방식을 하루아침에 직장인의 사고방식으로 바꾸는 일은 절대 쉽지 않다. 그래서 많은 사람이 학생의 사고방식을 지닌 채 직장인으로 살게 된다.

무엇보다 큰 문제는 잘못된 점을 발견하지 못한다는 것이다. 학생들은 학생의 사고방식과 직장인의 사고방식에 큰 차이가 있다는 사실을 체감하지 못한다. 학생들은 과거 다른 사고방식을 가지고 있다가 학생의 세계를 만나게 된 것이 아니다. 다른 분야에서 생활하다가 학생의 세계에 들어갔다면 학생의 사고방식이 전부가 아니라는 것을 알 수 있다. 하지만 학생들은 어려서 제대로 된 사고방식이 만들어지기 전에 학교생활을 시작한다. 어려서 학교생활을 시작하여 사춘기를 보내고, 학생일 때 성년을 맞이한다. 학교생활이 인생의 전부였다. 그래서 학교생활 이외의 생활을 알지 못한다. 학생의 사고방식 이외의 사고방식을 알지 못한다. 이 때문에 학교를 졸업한 후에도 학생의 사고방식을 가지고 있는 사람들이 많다. 사회인이 되어도 학생의 사고방식을 계속 유지하는 사람들을 심심치 않게 볼 수 있다.

미술 전문가가 미술의 세계를 떠나 음악의 세계로 들어가면 음악인의 기술과 사고방식을 익혀야 한다. 그래야 음악인의 세계에서 잘 살아갈 수 있고 성공도 거둘 수 있다. 음악인의 세계에 들어왔는데도 미술 세계의 사고방식과 기술을 가지고 살아간다면 음악 세계에서 제대로 살아남을 수 없다. 이와 마찬가지로 학생의 세계를 떠나 사회인의 세계로 들어가면 학생의 사고방식에서 벗어나 직장인의 사고방식을 가져야 한다. 하지만 20대들은 학생의 세계에서 평생을 지내왔다. 무려 16년이 넘게 학교생활을 하고 학생의 사고방식을 유지해왔다. 그래서 학생의 사고방식을 쉽게 버리지 못한다. 직장생활을 하면서도 학생의 사고방식을 그대로 유지하는 사람이 많은 이유를 여기에서 찾을 수 있다.

학생의 환경 vs 직장인의 환경

 학생은 학교에서 주로 생활하고 사회인은 직장에서 주로 생활한다. 학교와 직장의 가장 큰 차이점은 '돈'에 있다. 학교는 내가 돈을 내고 다니는 곳이고, 직장은 내가 돈을 받으면서 다니는 곳이다. 초등학교와 중학교까지는 의무교육이다. 그래서 실질적으로 돈을 내고 다니지는 않는다. 하지만 초등학교와 중학교는 국민이 내는 세금으로 운영되는 곳이다. 학생이 세금을 내지는 않지만, 부모가 세금을 낸다. 그 돈으로 초등학교와 중학교가 운영된다.

 돈을 내는 사람인가 돈을 받는 사람인가에 따라 그 사람의 위치가 전적으로 달라진다. 같은 쇼핑몰에 가더라도 내가 손님으로 갈 때와 상인으로 갈 때는 완벽하게 다르다. 행동도 다르고 사고방식도 다르다. 문제가 발생했을 때 대처하는 방식도 다르다. 쇼핑몰에서 누군가 커피를 바닥에 흘렸을 때 손님은 불평하면서 그냥 옆으로 지나가면 된다. 하지만 종업원은 사람들에게 죄송하다 하면서 직접 치워야 한다. 이건 그 사람의 성격이 어떤가의 문제가 아니다. 그 사람이 좋은 사람인가 나쁜 사람인가의 문제도 아니다. 오직 고객이냐 판매자냐의 문제다. 한 쇼핑몰에서 바닥의 커피를 닦던 종업원도 다른 쇼핑몰에 고객으로 갈 때는 그렇게 하지 않는다. 커피를 닦아야 한다는 생각조차 하지 않는다('직업병'이 심하지 않으면 말이다).

쇼핑몰의 판매자가 고객처럼 행동하거나 말했다가는 살아남지 못한다. 고객도 마찬가지다. 고객답게 행동해야 한다. 판매자를 도와주겠다며 어쭙잖게 나섰다가는 도움이 되기는커녕 오히려 피해를 주기 마련이다. 이처럼 판매자와 고객, 돈을 내는 사람과 돈을 받는 사람과의 차이는 크다.

학생이 처한 환경은 기본적으로 돈을 내는 사람으로서의 환경이다. 여러분이 쇼핑몰에 손님으로 갔을 때의 일을 생각해보자. 직원들이 친절하게 안내를 해준다. 궁금해서 물어보는 것에 대해 잘 설명해준다. 어떻게 움직이라고 이끌어준다. 여러분은 그냥 직원들에게 물어보기만 하면 된다. 그러면 잘 설명해주고 알려주고 지도해준다. 그리고 여러분이 불평하면 그 불평을 받아주고 그것을 해결해주려고 노력한다.

학생들은 초등학교 때부터 대학 때까지 근 16년 동안 이런 환경 속에서 자라왔다. 학교의 고객으로서 학교에 다닌 것이다. 학교에서는 여러분이 질문하면 선생님께서 대답을 해주었을 것이다. 어떤 준비물을 챙겨오라고 미리 이야기해주었을 것이고, 해야 할 일을 한 번만 말하지 않고 여러 번 강조했을 것이다. 여러분이 잘 못 알아들 으면 못해도 몇 번까지는 아무 말 하지 않고 다시 설명해주었다. 여러분이 무엇을 배울까를 고민할 필요도 없었다. 학교에서는 여러분이 배워야 할 것을 다 정해주었다. 교재를 미리 준비하고, 수업에 필요한 것을 학교에서 미리 준비해둔다. 어떻게 진도를 나갈지도 미리 계획해 여러분을 가르쳤다. 시험 문제도 학교에서 준비하고 여러분은 그냥 시험을 보기만 하면 되었다.

여러분이 학교에 잘 적응하지 못하면 선생님이 여러분을 상담했다. 학교생활이 어디가 어려운지, 어떻게 해야 좋을지를 상담하면서 이야기한다. 만약 여러분이 학교를 그만두려고 하면 왜 그만두려고 하는지 물어보고 그만두지 않게 하려고 설득도 했을 것이다.

학생으로서의 환경은 이렇다. 간단히 말해 고객으로서 살아간다. 이런 환경에 너무 익숙해진 사람들은 이 세상이 학교와 비슷한 것으로 생각한다. 이 사회가 물어보면 대답해주고, 궁금한 게 있으면 이야기해주고, 해야 할 일을 미리 다 정해주는 학교와 같다고 여긴다. 하지만 현실은 다르다. 학교에서 벗어나 사회인이 되면 환경은 완전히 변한다. 그곳은 내가 돈을 내고 다니던 학교가 아니다. 내가 돈을 받는 곳이다. 고객의 지위에서 내려와 상품이나 서비스를 공급하는 사람이 된다. 급격히 바뀐 환경에 처하게 되는 것이다. 이에 따라 행동과 사고방식도 완전히 바뀌어야 한다. 학생 때 고객으로서의 행동과 사고방식을 직장에서도 유지하는 것은 옳지 않다. 학생의 사고방식을 그대로 유지하면서 직장생활을 하는 것은 마치 쇼핑몰 종업원이 고객처럼 행동하는 것과 같다. 어긋난 삶이 되고 만다.

사회에서는 여러분이 무언가를 물어본다고 해서 대답을 해줄 의무가 없다. 네이버에서 일반적인 질문을 하면 다른 사람들이 무언가를 이야기해줄 것이다. 하지만 거기까지다. 네이버에서 얻을 수 있는 대답은 어디까지나 '일반적인 질문'에 대한 '일반적인 대답'뿐이다. 전문적인 사항에 대해서는 대답해주지 않는다. 어떤 분야든 전문적인 사항에 대해서는 묵묵부답이다. 만약 전문가가 대답해준다면 그건 여러분을 고객으로 끌어들이기 위해서 제시하는 미끼다. 그 대답이 마음에 들면 정식으로 자신에게 의뢰하라는 밑밥일 뿐이다.

직장에서도 마찬가지다. 직장에서 여러분이 모르는 것이 있을 때 상사가 절대 자세하게 알려주지 않는다. 학교에서는 수업 내용에 대해 물어보면 앞뒤 맥락, 그 이유와 결과 등에 대해 자세히 이야기해주었을 것이다. 하지만 직장에서는 같이 일하는 상사라 해도 그렇게 자세히 설명해주지 않는다. 질문한 그 사항에 대해서만 한마디로 대답할 뿐이다. 그리고 그 질문도 한두 번만 받아주지, 여러 번 계속되면 노골적으로 싫은 티를 낸다. 고객이 질문하면 몇 번이든 친절하게 대답해준다. 하지만 부하 직원이나 동료가 몇 번씩 물어보면 그건 짜증 나는 현실이 된다. 직장은 바로 그런 곳이다.

학교에서는 해야 할 일을 선생님이나 교수가 정해주었다. 무엇을 어떻게 공부해야 할지가 정해지면 그대로 공부하면 충분했다. 하지만 회사에서는 다르다. 기본적으로 자신이 알아서 해야 한다. 목적만 정해주고 방법은 이야기해주지 않는 게 원칙 아닌 원칙이다. 방법은 스스로 알아서 해결해야 한다. 그리고 목적 자체도 자신이 스스로 알아서 찾아야 하는 경우가 많다. 사회와 직장에서는 여러분이 가야 할 길을 안내해주지 않는다. 자신이 알아서 길을 찾아야 한다.

학교에서는 기본적으로 내가 주인공이 될 수 있었다. 내가 주인공까지는 되지 않는다 해도 어쨌든 나를 위해주는 시스템 내에서 존재했다. 학교에 들어가기 전 가정에서는 내가 주인공이었다. 나를 중심으로 가족들이 움직였다. 간혹 형이나 동생이 나를 중심으로 움직이지 않아 싸운 적도 있었겠지만, 부모님과 친척 어른들은 나를 중심으로 생각해주고 위해주었다. 그렇게 집에서 지내다 학교로 가면 어떤 학생은 주인공이 되고 어떤 학생은 주인공이 되지 않는다. 하지만 주인공이 되지 않는다 해도 조연급은 된다. 학교에서는 자신을 완전히 무시하지 않는다. 내가 아무리 사고를 치고 문제를 일으킨다 해도 어쨌든 학교는 나를 보호해준다. 자기 학생으로서 인정해주고 졸업할 때까지 최대한 보호하려 해준다. 어쨌든 학교 입장에서 학생은 고객이다. 고객이 어떤 밉상 짓을 하더라도 고객이 아닌 것은 아니다. 완전히 내치지 않고 어떻게든 보호하려 하는 것이 기본적인 자세다.

하지만 사회에 나오면서부터는 그렇지 않다. 사회에서 한 개인이 주인공이 되는 것은 사회에서 성공한 경우만이다. 사회에서 유명인이 된 경우, 자기 분야에서 업적을 쌓은 경우, 오랜 기간 인맥을 쌓아온 경우만 주인공 역할을 맡을 수 있다. 그런데 이렇게 사회에서 역할을 쌓기 위해서는 시간이 필요하다. 최소한 10년 정도의 내공이 쌓여야 한다. 대학을 졸업하고 사회에 진출해서 바로 업적을 낼 수는 없다. 그래서 막 사회에 진출한 사람들은 주인공 대접을 받지 못한다. 심지어 조연 대접도 받지 못한다. 누구도 나를 존경하거나 존중해주지 않는다. 아껴주는 사람도 없다. 내 말을 들어주는 사람도 없다. 회사에 처음 들어갈 때는 신입사원으로서 모두가 축하해주고 반겨주었지만, 신입사원 회식 이후에는 그런 것도 없어진다. 나는 정말 아무것도 아닌 존재가 된다. 있으나 없으나 큰 차이가 없는 사람으로 살게 된다.

그러면서 내가 받는 돈 이상으로 무언가 일을 해야 한다. 일을 제대로 하지 않으면 언제든지 내쳐질 수 있다. 사회에서 나는 고객이 아니다. 다른 사람들을 존중하고 받들어야 하는 쇼핑몰 종업원이 되는 것이다.

그러면 고객으로 대접받는 학생의 삶과 다른 사람들을 고객으로 모셔야 하는 쇼핑몰 종업원 같은 생활 중에서 어떤 것이 진실일까? 학생으로 살아가는 것은 16년 안팎이다. 그리고 학교를 졸업하고 죽을 때까지는 사회인으로 살아야 한다. 따라서 삶의 진실은 학생의 삶이 아니라 사회인의 삶이다. 즉 고객으로서의 삶이 아니라 종업원으로서의 삶이다. 학생 때 몸에 밴 고객으로서의 사고방식과 행동은 하루빨리 지워야 한다. 다른 사람을 모셔야 하는 종업원의 행동과 사고방식으로 변화해야 한다. 그래야만 이 사회에서 제대로 성공해 나갈 수 있다.

서로 유사한 학교생활 vs
서로 다양한 사회생활

앞에서 말했듯 학생과 직장인은 환경과 처지가 다르기에 사고방식이 다르다. 이외에도 학생과 직장인의 사고방식에서 차이점을 찾을 수 있다. 학생들은 서로 비슷한 사고방식을 가지고 있지만, 직장인들은 사고방식과 행동방식에서 차이가 크다는 점이 그것이다.

즉 사회는 학교보다 훨씬 더 큰 다양성을 가지고 있다. 그리고 다양성을 인정한다. 학생들이 서로 다르다고 해도 기본적으로 공통적인 측면이 더 많다. 학생들도 서로 개성이 있어서 다르기는 하지만, 직장인들끼리 서로 다른 것과 비교하면 차이가 크지 않은 편이다.

그리고 이것 역시 학생과 직장인의 환경에 기인한다. 학교들은 서로 비슷하다. 이에 반해 직장인들이 다니는 회사들은 그야말로 천차만별이다. 이렇듯 학교에 다니는 학생들의 사고방식이 비슷한 것은 자연스러운 일이다. 그리고 실로 엄청난 다양성을 가진 직장에 다니는 사람들의 사고방식 차이가 큰 것 역시 당연한 일이다.

학교는 기본적으로 어디나 비슷하다. 초등학교, 중학교, 고등학교에 다니는 학생들은 어느 학교에서나 공통 교과 과정을 배운다. 소수 특성화된 학교들을 제외하고는 교육부에서 정한 방침대로 비슷한 학교생활을 하게 되어 있다. 아침에 학교 가는 시간, 학교가 끝나는 시간도 큰 차이가 없고, 언제 방학을 하고 개학을 하는가도 비슷하다. 어떤 학교는 7월 초에 여름방학을 시작하고, 또 어떤 학교는 7월 중순에 시작하기도 한다. 어떤 대학은 8월 말에 개학하고 또 어떤 대학은 9월 초에 하기도 한다. 차이가 있다면 이런 정도다. 일주일, 보름 정도의 차이일 뿐이다. 4월에 개학(개강)하는 학교는 없다. 10월에 방학하는 학교도 없다. 초등학생부터 대학생까지 한국의 모든 학생은 봄과 여름은 1학기, 가을과 겨울은 2학기라는 학기 시스템에서 살아간다.

배우는 것도 큰 차이가 나지 않는다. 초등학교, 중학교, 고등학교에서는 기본적으로 교육부가 검정한 교과서를 배운다. 전국의 모든 학교가 같은 것을 가르치고, 전국의 모든 학생이 같은 내용을 배운다. 과목 교과서마다 차이가 있다고 해도 크게 다르지는 않다.

대학에서도 마찬가지다. 전공에 따라 배우는 것이 다르다고는 하지만, 전공 내에서 배우는 것은 거의 유사하다. 그리고 전공에서 다르다고 해도 한국의 대학에 전공이 모두 몇 개나 될까? 주된 전공을 따지면 100개가 되지 않는다. 전공을 세분해서 나눈다고 해도 아무리 많아도 몇백 개 수준이다. 학생들의 시각에서는 몇백 개나 있으면 많다고 생각할 수 있다. 하지만 사회의 시각에서는 몇백 개는 많은 게 아니다. 직업의 종류만 해도 몇만 개나 된다. 이렇게 몇만 개나 되는 사회의 직장 수준에서 볼 때 학생들이 배우는 것은 별 차이가 없는 것이다.

생활양식이 비슷하고, 배우는 것도 비슷하다 보니 학생들의 관심사도 크게 다르지 않다. 초등학생은 연예인이나 게임에 관심이 많다. 중학생이 되면 사춘기가 찾아오고 이성을 향한 관심이 생기기 시작한다. 고등학생이 되면 좋은 대학을 가는 데 모든 초점이 맞춰진다. 어느 학교에 다니느냐를 막론하고 관심사와 목표는 비슷하다. 이런 공통점은 아이들이 성인이 되는 성장 과정에 따른 특징이기도 하지만 비슷한 생활에서 오는 공통점이기도 하다.

좀 다른 학교들이 있기는 하다. 대안학교나 특수목적고, 특성화고는 일반 고등학교와는 좀 다르다. 배우는 것도 다르고 학교에서의 생활도 좀 다르다. 하지만 그래도 학교로서의 기본적인 환경은 똑같다. 특수목적고 학생들은 공부를 좀 더 열심히 하는 것이지, 대학에 들어간다는 목적 자체가 다른 것은 아니다. 대학에서도 마찬가지다. 대학생들의 목적은 서로 유사하다. 지금 대학생들은 대부분 취업을 최고의 목표로 삼는다. 목적이 같다면 가치관이 비슷해질 수밖에 없다. 어차피 모두 같은 산을 오르는 사람들이다. 어떤 학교 학생들은 북쪽에서 산을 오르고, 어떤 학교 학생들은 남쪽에서 산을 오른다. 어떤 학교 학생들은 등산화를 신고 산에 오르고, 다른 학교 학생들은 배낭을 메고 산을 오른다. 조금씩 다르기는 하지만, 기본적으로 같은 산을 오르는 사람들이다. 산을 오르는 사람과 바다를 가는 사람 사이의 차이는 존재하지 않는다.

그런데 직장은 서로 완전히 다르다. 일단 직업이 셀 수도 없을 만큼 다양하다. 학생은 기본적으로 학생 하나로 분류된다. 나뉜다고 해도 초등학생, 중학생, 고등학생, 대학생, 대학원생으로 나뉠 뿐이다. 하지만 직업은 몇만 개로 분류된다. 돈을 벌기 위해서 하는 업무의 종류가 몇만 개나 된다는 뜻이다. 그리고 같은 직무를 하는 회사라 하더라도 그 나름의 문화를 가지고 있다. 한 회사 내에 속한 사람들끼리도 하는 일이 다 다르다. 그래서 직장생활이란 이런 것이라고 일반화시키기 어렵다.

똑같은 전자제품을 만드는 회사라도 회사 문화에 따라 전체적인 분위기가 완전히 다르다. 어떤 회사는 출퇴근 시간이 정확히 정해져 있고 엄격한 회사 내규를 강조한다. 그러나 다른 회사는 출퇴근 시간 통제가 없고 직장 내 분위기 또한 자유롭다. 선후배 간에도 서로 협력하는 분위기인 회사가 있고 모두가 경쟁 상대인 곳도 있다.

근무 복장에서도 회사 간의 차이를 엿볼 수 있다. 실제로 복장은 그 회사에 잘 적응하기 위해 생각보다 중요한 요소다. 국내 대형 항공사와 저가 항공사의 비행기를 모두 타본 경험이 있다면 같은 업종에 속한 회사들이 얼마나 다른지 발견했을 것이다. 대표적인 국내 대형 항공사인 D항공과 A항공의 스튜어디스들은 완벽하게 갖춰진 복장으로 고급스러운 서비스를 제공한다. 반면 젊은 고객층을 타

깃으로 삼는 저가항공사 J에어는 서비스 품질보다는 돈을 절약하는 데 관심을 둔다. 그래서 그 콘셉트에 맞게 청바지에 모자를 쓰고 기본적인 서비스만 제공한다.

업종이 다르다면 차이는 더 크다. 대개 창의성을 강조하는 회사에는 복장 규정이 없다. 의류 업계나 광고 업계에 근무하는 사람들의 옷차림은 자유분방하다. 청바지에 티셔츠는 물론이고 심지어 슬리퍼를 신고 출근하기도 한다. 그래도 그 누구도 이상하게 생각하지 않는다. 오히려 정장 차림이 더 튀는 복장이다. 반면 어떤 업종에서는 항상 타이까지 갖춰 맨 정장이 일반적이다.

복장이 일하는 데 뭐 그리 중요하냐고 말할 수도 있지만, 복장에는 그 회사의 문화와 철학이 담겨 있다. 그래서 업종끼리 회사끼리 차이가 난다. 어떤 때는 오너의 가치관에 따라서도 달라질 수 있다. 고객을 많이 상대하는 회사가 아닌데도 회사 오너나 최고경영진의 지시에 따라 복장 규정을 정하는 회사도 있다.

외국계 기업이냐, 한국 기업이냐에 따라서도 큰 차이가 있다. 외국 기업에서는 보통 출퇴근 시간과 복장, 선후배 관계가 엄격하지 않은 경우가 많다. 하지만 한국 기업은 대개 이런 것들에 대해 엄격한 편이다.

공기업이냐 사기업이냐에 따라서도 직장 분위기가 다르다. 또 사기업 중에서도 대기업인가 중소기업인가에 따라 엄청난 차이가 있다. 같은 업무를 한다고 해도 대기업에서 하는가, 중견기업에서 하는가, 소기업에서 하는가, 정부에서 하는가, 공기업에서 하는가에 따라 모두 차이가 생긴다.

이런 차이들은 그 틈이 크고 깊다. 학생들끼리 서로 다른 것처럼 조금 다른 차원이 아니다. 서로 대화가 되지 않을 정도다. 학생들은 출신 학교에 따라 서로 다르다고 해도 자기 학교 이야기를 할 때 서로 무슨 말인지 이해하지 못할 정도까지는 아니다. 하지만 직장인 간에 다른 것은 학생 간에 다른 것과 수준이 다르다. 다른 업종의 사람들이 만나 서로 자기가 하는 일에 관해 이야기할 때 무슨 말인지 알아듣지조차 못할 때가 많다. 같은 업종의 일을 하는 사람이라 해도 대기업에서 일하는 사람과 정부에서 일하는 사람이 이야기하면 서로 이해하기 어렵다. 같은 업종이라 해도 매우 다른 사람들인 셈이다.

환경은 사고방식을 결정한다. 학생들은 환경이 서로 비슷하기에 가치관도 비슷하다. 추구하는 것도 비슷하고 고민도 비슷하다. 이렇게 동질성을 갖기 때문에 학생들은 서로 쉽게 친해질 수 있다. 사고방식이 완전히 다른 학생들은 별로 없고, 그래서 사고방식이 특별한 학생은 문제가 있는 학생으로 여겨진다. 그러다 보니 학생들 사이에서 왕따라는 것도 나온다.

하지만 직장인들은 서로 완전히 다른 환경에 처해 있다. 하는 일도 다르고 추구하는 것도 다르다. 옆 반의 학생들은 나와 똑같은 것을 배운다. 하지만 직장에서 옆 부서는 내가 하는 일과 전혀 다른 일을 한다. 옆 학교 학생은 내가 배우는 것과 같은 것을 배운다. 하지만 옆 회사 직원이 무슨 일을 하는지는 알 수조차 없다. 이렇게 서로 다르다 보니 다양성을 인정할 수밖에 없다. 어떤 사람이 나와 다르다고 하여 그 사람이 문제가 있는 것은 아니다. 잘하는 것도 모두 다르고 능력도 다르고 하는 일도 다르다.

  사회에서는 다양성을 인정해야만 한다. 다른 사람들도 나와 유사하다고 생각하고 비슷한 생각을 하리라 추측하는 것은 학생의 사고방식이다. 사회에서는 모두가 다르고 결코 같을 수 없다는 점을 인식해야만 한다.

학벌이 인생을 결정짓는다 vs
학벌은 인생 성공과 큰 상관없다

한국에서 학생들은 어려서부터 학벌이 중요하다는 말을 듣고 산다. 특히 대학 학벌을 중요하게 여긴다. "어떤 대학을 나왔느냐가 인생을 결정짓는다." "좋은 대학을 나오면 인생이 활짝 피고, 나쁜 대학을 나오면 인생이 어려워진다." "대학을 아예 가지 못하면 완전히 밑바닥 인생이 된다." 학생들은 어린 시절부터 이런 말들을 들으며 성장한다. 학교 선생님도, 학원 선생님도 그리고 부모님도 좋은 대학에 가야 한다는 말을 끊임없이 한다. 그래서 학생들은 좋은 대학을 나와야만 행복한 인생을 살 수 있다는 생각을 품게 된다. 그들은 이렇게 생각한다.

행복한 인생을 살기 위해서는 좋은 대학을 나와야 하고, 좋은 대학에 들어가기 위해서는 공부를 잘해야 한다. 그래서 초등학교, 중학교, 고등학교에 다니면서 공부를 열심히 해야 한다. 고등학교 때까지 공부하는 목적은 좋은 대학에 가기 위함이다. 고등학교 때 열심히 공부하는 이유는 좋은 대학에 가기 위해서다. 중학교 때 열심히 공부해야 하는 건 그래야 나중에 좋은 대학에 갈 수 있기 때문이다. 초등학교 때 열심히 공부해야 하는 이유는 초등학교 때부터 기초를 다져놔야 나중에 좋은 대학에 들어갈 수 있기 때문이다. 과학고나 외고를 가야 하는 이유는 그래야 나중에 좋은 대학에 들어갈 수 있기 때문이다. 초등학교, 중학교, 고등학교 때 하는 모든 행동의 이유는 좋은 대학에 들어가기 위해서다. 대학 학벌은 인생을 결정한다. 그러니 어떤 희생을 치르더라도 좋은 대학에 들어가야 한다.

중고등학교나 학원의 선생님들이 학생들에게 "좋은 대학에 들어가기 위해서 열심히 공부해야 한다"고 강조하는 건 이해할 만하다. 선생님들은 학생들이 공부하게끔 하는 일이 직업이다. 학생들이 공부하도록 만들어야 한다. 그런데 "공부는 재미있는 것이다. 그러니 공부를 해라"고 말하는 것은 효과가 없다. 학생들은 이런 이유 때문에 공부하지 않는다. "공부는 인격 수양에 도움이 된다. 그러니 공부해야 한다"고 말하면 어떨까? 그래도 학생들은 공부하지 않는다.

학생들이 공부하도록 하는 가장 확실한 방법은 (어쩌면) 협박인지도 모르겠다. "좋은 대학에 가기 위해서는 공부를 해야만 한다. 공부하지 않으면 좋은 대학에 들어갈 수 없고, 그러면 인생을 망친다. 그러니 지금 열심히 공부해야 한다"고 말할 수밖에 없다. 그래야만 인격 수양이나 지적 환희에 전혀 관심을 두지 않는 학생들을 설득할 수 있다. 이상적인 논리에 넘어가지 않던 학생들도 대학에 갈 때 필요하다는 설득에는 수긍한다. 그래서 학교 선생님들은 "대학! 대학!"을 부르짖는다. 학원 선생은 더 말할 것도 없다. 학원 선생님들은 밤늦은 시간까지 학생들을 붙잡고 공부를 시켜야 한다. 이때 "대학에 가기 위해서 필요하다"는 명분 외에 무엇이 더 필요하겠는가? 이 외에 어떤 말로 늦은 밤까지 아이들을 붙잡아둘 수 있겠는가?

학생들은 이렇게 초등학교부터 고등학교까지 계속 "대학은 중요하다, 학벌은 중요하다"는 말을 들으면서 커왔다. 학벌이 중요하다는 말에 세뇌를 당해왔다. 그래서 정말로 이 세상에서 잘살기 위해서는 학벌이 중요하다고 생각한다.

대학이 중요하다는 주문을 외면서 자란 학생들은 막상 대학에 들어온 다음에도 학벌이 중요하다는 생각을 유지한다. 그래서 명문 대학을 다니는 학생들은 나중에 인생이 잘 풀릴 거라 생각한다. 반면에 평범한 대학에 다니는 학생들은 앞으로 잘살아가는 게 어렵고, 열심히 하더라도 한계가 있을 거라 생각한다. 대학생 중에는 지금 자기 인생의 수준이 거의 결정됐다고 생각하는 이들이 많다.

그러나 분명히 말하는데, 학벌은 인생의 성공에서 그렇게 중요하지 않다. 직장에 처음 들어갈 때는 그나마 학벌의 힘을 느낄 수 있다. 사회 초년생도 학벌이 자신의 후광에 영향을 미친다고 생각할 수 있다. 그러나 학벌이 그 사람의 인생에 영향을 미치는 것은 아무리 길게 잡아도 사회 초년생까지다. 사회에 진출해서 5년이 넘어가면, 학벌은 그 사람의 인생 여정에 큰 영향을 미치지 못한다. 여기서 조금 더 시간이 지나면, 학벌은 그 사람의 인생에 거의 아무런 역할도 하지 못한다. 단지 '예전에 어떤 대학을 다녔었지', '어떤 대학을 졸업했지' 하고 회상하는 정도다. 학벌이 좋다고 해서 성공적인 인생이 펼쳐지는 일은 결코 없다. 마찬가지로 학벌이 나쁘다고 해서 인생이 막히는 일도 없다.

가끔 사회에 나와서도 학벌을 내세우는 사람이 있다. 자신이 좋은 대학을 나왔다는 것을 자랑하기 위해서다. 그런데 사회에서는 학벌을 내세울 때 칭송을 받기보다는 욕을 더 먹게 된다. "○○대학을 나왔는데 지금 왜 저렇게 지내?" "○○대학을 나왔다는데 왜 저렇게 멍청해?"라는 뒷말을 들어야 한다.

학생일 때는 명문 대학을 다닌다는 사실이 그 사람이 똑똑하다는 것을 보여주는 지표일 수 있다. 그러나 사회에서는 다르다. 명문 대학을 나왔다는 것이 절대 그 사람이 일을 잘한다는 것을 증명해주지 않는다. 그냥 과거에 그랬다는 것일 뿐이다. "내가 초등학교 때는 반장을 했어"라는 말과 같이 아무런 의미가 없다.

학벌이 좋으면 정말로 취직도 잘될까? 쉽게 좋은 회사에 취직할 수 있을까? 학생들은 그렇다고 생각한다. 하지만 실제 사회는 그런 식으로 움직이지 않는다. 지금 학생들이 가장 들어가고 싶어 하는 곳은 삼성그룹일 것이다. 삼성그룹 중에서도 가장 큰 회사는 삼성전자이다. 삼성전자는 1년에 상당수의 신입사원을 뽑는다. 그럼 삼성전자 신입사원들의 스펙은 어떨까? 모두 서울대, 연세대, 고려대 출신들만 있을까? 그곳에서 일하는 기존 직원들이나 임원들은 모두 서울대, 연세대, 고려대 출신일까? 서울대, 연세대, 고려대까지는 아니더라도, 모두 서울에 있는 대학교 출신들일까?

만약 삼성전자가 학벌을 정말로 중요하게 생각한다면 좋은 대학 출신들만으로 신입사원을 선발할 것이다. 그러나 실제는 그렇지 않다. 삼성전자 신입사원들의 출신 대학은 정말 다양하다. 서울 소재 대학들도 있고 지방대도 있다. 절대 몇몇 대학 출신들로 신입사원을 채우지 않는다. 삼성전자만이 아니라 삼성그룹 내 다른 회사들도 마찬가지다. 다른 재벌 그룹, 대기업, 공공기관들도 그렇다. 그들이 채용하는 사람들의 출신 대학들은 실로 다양하다.

지방대를 나와서 삼성에 지원했다 떨어진 사람은 자신이 학벌이 낮아서 떨어진 거라 생각한다. 학벌이 좋았다면 합격했을 거라 생각한다. 그러나 그렇지 않다. 학벌이 높은 사람들만이 좋은 회사에 들어간다면, 지금 삼성전자에서 근무하고 있는 수많은 대학 출신자들의 존재는 어떻게 보아야 하나? 명문대를 나오지 않았지만, 삼성에서 잘 일하고 있는 사람들은 무수히 많다.

그러면 학벌이 좋은 사람들이 승진을 더 잘할까? 이사까지 승진하려면 명문대 학벌이 있어야만 할까? 삼성에서 명문대 출신과 비명문대 출신, 지방대 출신의 비율은 신입사원이나 이사나 비슷하다. 명문대 출신이라고 해서 이사까지 승진하는 비율이 더 높은 것은 아니라는 뜻이다. 사회에서는 학벌이 좋다는 이유만으로 더 빨리 승진을 시키지 않는다. 결론적으로 학벌이 좋아서 인생에서 더 성공하는 건 아니다.

학교에서 사람을 평가하는 기준은 성적이다. 그리고 성적이 좋은 사람은 좋은 학교에 들어간다. 그래서 학생 시절에는 좋은 학교 출신들이 더 높은 평가를 받는다. 성적을 중요하게 여기는 학교와 학생들의 세계에서는 그렇다. 하지만 사회에서 사람을 평가하는 기준은 그 사람의 실적이다. 실적이 좋은 사람에게 더 많은 기회와 권한을 준다. 학벌은 좋지만 실적이 안 좋은 사람과 학벌은 변변치 않지만 실적이 더 좋은 사람 중에서 선택하라면, 사회에서는 분명히 실적이 좋은 사람을 선택한다. 사회에서 성공하느냐 그렇지 않느냐는 실적이 어떤가에 의해서 결정된다. 학벌은 학교에서의 판단 기준이지 사회에서의 판단 기준은 아니다.

학벌은 평생 간다 vs
학벌은 학생일 때만 영향을 미친다

부모님들, 학교와 학원 선생님들은 우리가 어린 시절부터 한 가지 사실을 강조해왔다. 바로 '대학 학벌은 평생 간다'는 점이다. 그들은 "명문대를 나오면 인생이 풀리고 그 이후에는 잘살 수 있다"고 말해왔다. 대학을 졸업하는 건 20대 중반이고 지금 평균수명이 80세 정도다. 그러면 명문대를 졸업하면 남은 50여 년의 세월 동안 잘살 수 있다는 의미가 된다. 그래서 대학에 들어가기 전까지 10년 정도의 고생은 참아야 한다는 논리가 성립한다. 이렇게 말할 수 있을 것이다.

아침부터 밤까지 매일 공부하는 것은 어렵다. 평생 그렇게 사는 건 잘산다고 볼 수 없다. 하지만 학생 시절 잠시 고생하면 나중에 보답을 받을 수 있다. 지금 고생해서 명문 대학에 들어가면 그 이후에는 잘살 수 있다. 어려서 10년을 투자하면 나중에 나이가 들어서 몇십 년 잘살게 된다. 학생 시절의 고생은 나중에 몇 배로 되돌려받는다. 명문 대학에 들어가서 졸업하기만 하면 그 이후에는 잘살 수 있다. 명문 대학을 졸업하지 못하면 그 이후에 잘살기 어렵다. 그러니 학생일 때 열심히 공부해야 한다. 명문 대학에 들어가지 못해도 나중에 잘살 수 있다는 이야기는 거짓말이다. 학벌은 평생 간다. 평생 살아가면서 어느 대학을 나왔는가가 계속 따라다닌다. 그러니 명문 대학을 들어가야 한다. 학생 때는 명문 대학에 들어가기 위해 공부를 열심히 해야 한다.

선생님들이 "학벌은 평생 간다"고 말하는 것은 학생들이 더 열심히 공부하도록 유도하기 위해서다. 아니, 선생님들은 정말로 그렇게 생각할 수 있다. 학벌은 학교 수준에서는 중요하다. 어느 대학을 다니는가가 학생들에게 중요하듯이, 어느 학교에서 가르치고 있는가도 선생들에게 중요하다. 학원 선생님도 마찬가지다. 어느 학원에서 가르치느냐가 그 학원 선생의 수준을 간접적으로 말해준다. 학교 선생님이나 학원 선생님이나 모두 학교와 관련된 직업이다. 학교에 있으면 학벌은 중요하다. 학교 선생님이나 학원 선생님은 정말로 학벌이 소중하다고 생각할 수 있다. 그래서 학생들에게 "학벌은 평생 간다"고 자연스럽게 말할 수 있다.

그런데 학생들은 학벌이 평생 간다는 말을 10년을 넘게 들어왔다. 초등학생 때부터 중학생, 고등학생 때까지 대학 학벌이 인생을 결정짓는다는 말을 듣고 살아왔다. 그리고 실제 대학에 들어가고 나니 대학 학벌이 정말로 자기 평가에 영향을 미친다는 사실을 알게 된다. 지금 어느 대학에 다니는가에 따라 많은 것이 결정된다. 미팅을 해도 자신보다 훨씬 좋은 대학에 다니는 사람과 만나기는 힘들다. 비슷한 수준의 대학을 다니는 사람끼리 미팅이나 소개팅을 하게 된다. 사회 동호회에 가입하더라도, 사람들이 명문 대학에 다니는 학생을 조금 다르게 본다. 오래 만나지 않았음에도 명문대를 다니고 있다는 사실만으로 우수한 사람이라 인식한다. 그렇게 보면 학벌은 정말로 자신의 세세한 생활에 영향을 미치는 것 같다.

이런 현실에서 중고등학교 때 선생님들이 학벌이 중요하다고 말한 게 옳았다고 여기게 된다. 학벌은 정말 평생 가는 것이라 받아들인다. 명문 대학을 나오면 사람들에게 높은 평가를 받고 그 이후에 잘살 수 있을 것 같다. 그래서 '중고등학교 때 좀 더 열심히 공부할걸……' 하며 후회한다. 이제 자기 인생은 한계가 그어졌다고 생각한다. 지금부터는 자기가 아무리 열심히 노력해도 명문대 학생들을 따라잡지 못할 것으로 생각하고 체념한다.

그러나 학벌은 평생 가지 않는다. 학생일 때만 크게 영향을 미친다. 대학을 졸업하고 사회에 진출한 다음에는 학벌이 큰 영향을 미치지 못한다. 학벌은 그 사람의 인생 여정에서 평생 함께 가는 게 아니다. 학생일 때만 영향을 미친다.

학생들이 학교를 소중하게 생각하는 건 학교가 자기 정체성을 나타내주기 때문이다. 초등학생 때부터 대학생 때까지 다른 사람들에게 자기 자신을 소개할 때 어떻게 하는가?

"저는 ○○초등학교에 다녀요."
"○○중학교 2학년입니다."
"○○고등학교에 다니고 있는 아무개입니다."
"○○대학교에 다니는 홍길동이라고 합니다."

이런 식이다. 모르는 사람을 만나서 자기 자신을 소개할 때는 자기 학교 이름과 자신을 함께 드러낸다. 이처럼 어느 학교에 다니는가가 자신의 정체성을 드러내주는 수단이 된다. 자기가 다니는 학교의 이름과 자기 자신은 항상 함께 다닌다.

그렇지만 초등학교나 중학교 때는 학교 이름이 자신에 대한 평가와 연관되지 않는다. 초등학교와 중학교는 그냥 사는 동네에 있는 학교일 뿐이다. 그런데 고등학교 때부터는 학교 이름이 자기 자신의 수준을 말해주는 경우가 생기기 시작한다. 외고, 과학고, 자율형 사립고 등에 다닌다는 사실은 자신이 중학교 때 어느 정도로 공부했고, 현재 수준이 어떻다는 것을 보여주는 지표로서의 성격을 지닌다. 그런데 고등학교 때는 몇몇 특목고들만 이런 지표 역할을 한다. 하지만 대학에 들어가면 완전히 달라진다. 어느 대학을 다니는가가 자기 수준을 말해주는 역할을 한다. 현재 전국의 모든 대학이 어느 정도 서열화되어 있다. 그래서 학생들은 자기가 다니는 학교 이름을 말하면 즉시 자신의 성적 수준이 드러난다. 그래서 어느 대학교에 다니는가가 중요하다. 어느 대학교 학생이냐는 자신에 대한 평가를 간접적으로 보여주는 수단이다.

그런데 대학을 졸업하고 사회에 나가면 어떻게 될까? 대학생 때는 서로 "○○대학에 다니는 아무개입니다"로 자기 자신을 소개했다. 그래서 누가 어느 대학을 다니는가를 서로 다 알게 된다. 하지만 사회인들은 현재 소속된 직장의 이름으로 자신을 소개한다.

"○○회사에 다니는 아무개입니다."

"○○회사 영업부에 있는 홍길동입니다."

이런 식으로 인사하고 자기소개를 한다.

여기서부터 더는 학교 이름을 말할 필요가 없다. 신입사원일 때는 "저는 ○○대학을 졸업하고 ○○회사에 다니는 아무개입니다"라는 식으로 소개할 수도 있다. 하지만 직장을 다니고 2~3개월만 지나면 자기 출신 학교 이름을 말하는 경우가 없어진다. 사회에서 만나는 사람들끼리는 상대방이 어느 회사에 다니는지만 알지 어느 학교를 졸업했는지는 알지 못한다. 알 수도 없고 알 필요도 없다.

내가 어느 학교를 졸업했는지 사람들에게 말할 필요도 없고, 다른 사람들도 나에게 말하지 않는다. 어느 회사에 다니는가가 중요하지 학벌은 더 이상 중요하지 않다. 대학을 졸업해서 직장에 들어가면 학벌은 더는 자신의 현재 상태를 말해주는 지표 역할을 하지 않는다. 그 이후의 삶에서 학벌이 자신에게 영향을 미치지 않는다는 뜻이다.

대학을 졸업해서 사회생활을 하고 있는데도 학벌을 내세우는 경우가 간혹 있기는 하다. 그런데 그런 경우는 다음 세 가지 중 하나다. 하나는 지금 자신의 사회생활이 좋지 않을 때다. 지금 자기 자신의 상태에 대해서는 다른 사람들에게 말하기가 그렇다. 창피하고 부끄럽다. 하지만 자신의 학벌은 좋다. 이럴 때 자신의 학벌을 강조한다. '지금 내가 이렇게 보이지만, 이전에는 한가락 했다'는 것을 내세우기 위해서 자신이 명문대 출신이라는 것을 강조한다.

둘째는 사기를 치는 경우다. 자신이 명문대 출신이며 유학해서 좋은 대학을 나왔다는 것을 강조하면서 사업을 한다. 지금 자신의 상태로는 다른 사람들에게 좋은 평가를 받기 어려우니 자신의 학벌을 통해서 좋은 평가를 받으려는 경우다. 하지만 정말 지금 잘하는 사람은 자신의 학벌을 이야기하지 않는다. 자신의 과거 학벌을 강조해서 사업에 유리하게 하고자 하는 사람들은 사기꾼일 가능성이 크다.

마지막으로 자신의 학벌이 낮다는 것을 강조하는 경우다. 이런 경우는 보통 자신의 학벌이 낮음에도 열심히 노력해서 현재 상태를 이루어냈다는 사실을 표현한다. 결국, 자기 자신이 엄청난 노력을 했기 때문에 성공했다는 것을 더 극적으로 보여주기 위해서 자신의 학벌이 낮다는 것을 이야기하는 셈이다. 이럴 때는 자신이 학벌에 대한 콤플렉스를 지니고 있다는 점을 드러내게 된다.

사회에서 성공적인 삶을 사는 사람들은 과거보다는 현재, 그리고 미래를 중요시한다. 과거에 무슨 일을 했다는 점에 대해서는 그리 크게 신경 쓰지 않는다. 학생은 현재 학교에 다니고 있는 사람이다. 학벌은 현재진행형이고 그래서 중요하다. 하지만 사회인이 되면 학교는 과거가 된다. 학벌은 전형적인 과거의 일이다. 성공적인 삶을 살아갈 때 과거의 지표인 학벌은 큰 의미가 없다. 그래서 학벌이 평생 중요한 의미를 갖지도 혹은 역할을 하지도 못하는 것이다.

대학 전공은 중요하다 vs
대학 전공은 그렇게 중요하지 않다

학생들은 대개 대학에 들어갈 때 전공에 대해서 많이 고민한다. 어떤 전공을 선택하는가에 따라서 자신의 인생이 결정되기 때문이다. 무엇을 전공할지는 단지 어떤 과에 진학하는가의 문제가 아니다. 내가 앞으로 어떤 일을 하면서 어떻게 살아갈지를 결정하는 차원이다.

의사가 되고 싶으면 의대에 가야 한다. 법조계에서 일하고 싶으면 법대로 가야 한다. 약사가 되고 싶으면 약대로 가야 한다. 회사에서 잘 해나가기 위해서는 경영학과나 경제학과에 가는 것이 좋다. 전공에 따라서 자신의 인생이 결정된다. 그래서 학생들은 전공을 선택하는 데 많은 고민을 한다. 이렇게 고민하고 대학에 들어오면, 자신이 앞으로 할 일의 대략적인 테두리가 정해진 거라 생각한다. 음대를 간 사람은 자신은 평생 음악과 관련된 일을 할 거라 여기고, 법대에 들어간 사람은 법과 관련된 일을 할 거라 생각한다. 공대에 들어간 사람은 자신의 미래 직업이 기술자일 거라 예상한다. 전공에 따라서 자신의 기본적인 직업의 방향이 정해진 것이라 받아들이다.

한국에서는 대학에 들어가기 전에 전공과 관련하여 고민하게 되는 시기가 있다. 고등학교에서 전공 영역을 정할 때다. 고등학교에 들어갈 때 일반고, 과학고, 외고, 예고, 특성화고 등으로 구분이 이루어진다. 과학고에 들어간 사람들은 자신이 과학자나 기술자의 길을 걸을 거라 생각하고, 예고에 들어가면 자신의 인생이 예술 방면으로 정해진 거라 본다. 또 일반고에 들어간 학생들은 문과와 이과로 구분된다. 문과에서 진학할 수 있는 대학의 과와 이과에서 진학할 수 있는 대학의 과는 다르다. 문과로 갈 것인가 이과로 갈 것인가에서 먼저 큰 테두리가 정해진다. 이렇게 고등학교 때 기본적인 맥락이 정해진다.

그 후 대학에 들어갈 때 구체적인 자신의 전공 영역이 정해진다. 그러면 자기 인생의 기본적인 테두리가 정해진 걸로 본다. '내가 졸업해서 일할 수 있는 영역이 한정되어 있고, 그 분야로만 나가야 한다. 내 전공 영역 외에 다른 분야로 진출하는 것은 한계가 있다. 특히 다른 분야로 옮기더라도 그 분야에서 성공하는 것은 어렵다'고 생각한다. 이처럼 대학 때 어떤 전공을 하느냐는 중요하다. 학생들은 그렇게 생각한다.

그러나 사회에 진출해서 생활하다 보면 대학 때 전공은 자신이 어떤 일을 하면서 살아가는 데 크게 영향을 미치지 않음을 알게 된다.

대학 때 전공은 자기가 대학 다닐 때 어떤 부분을 주로 공부했는가, 그리고 어떤 사고방식을 키웠는가에 대한 하나의 지표일 뿐이다. 대학 때 무엇을 전공했는가가 그 사람의 성공 여부에 큰 영향을 미치지는 않는다. 물론 사회에서 각자가 자신이 잘할 수 있는 전문 영역을 갖는 것은 중요하다. 어떤 전문 영역을 가지는가가 그 사람의 삶과 직업에 큰 영향을 미친다. 하지만 대학에서 무엇을 전공했는가가 자기 직업에서의 전문 영역을 결정하지는 않는다. 대학에서의 전공과 자기 삶에서의 전공 영역은 그렇게 큰 연관성을 가지지 않는다.

 대학에서의 전공이 자기 인생의 전공과 큰 연관을 갖지 못하는 가장 큰 이유는, 우선 20세의 나이에 자신의 인생이 결정된다는 사실 자체가 말이 안 되기 때문이다. 20대이면 태어나서 20년을 넘게 살았다. 20년 넘게 살았으면 오래 산 것 같다. 하지만 초등학교, 중학교, 고등학교, 대학교 시절은 자신의 의지대로, 자신이 원하는 대로 살아온 과정이 아니다. 사회에서 하라는 대로, 부모님이 하라는 대로 그냥 살아왔다. 학생들은 초등학교에 들어갈까 말까, 초등학교에 들어가는 게 좋을까 안 들어가는 게 좋을까를 고민해서 초등학교에 들어간 게 아니다. 그냥 부모님이 초등학교에 집어넣었다. 중고등학교에 들어가는 게 좋을까 안 들어가는 게 좋을까를 고민해본 것도 아니다. 초등학교를 졸업하면 그다음은 중학교에 들어가고, 중학교를 졸업하면 고등학교에 들어가는 게 당연한 걸로 생각하고 받아들였다. 대학에 들어갈 때도 대학에 들어가는 것이 자기 인생에 어떠한 의미가 있는지를 진지하게 고민하지 않았다. 대학 들어갈 성적이 되느냐 안 되느냐, 이 성적으로 어떤 대학의 어떤 과를 들어갈 수 있는가에 대해서는 많은 고민을 했을 것이다. 하지만 대학 자체가 자기 인생에 어떤 의미가 있는지에 대해서 큰 고민을 하지 않는다. 성적이 되면 가고 성적이 안 되면 못 가는 것, 단지 그 정도로만 생각하고 대학에 들어온다.

사실 대부분의 학생에게 대학의 전공을 정하는 일은 스스로 자기 인생의 방향을 잡는 첫 번째 결정이다. 그런데 이 첫 번째 결정이 제대로 된 결정일 수 있을까? 자신의 전공을 정하기 위해서는 먼저 자신이 무얼 좋아하는지 알아야 한다. 그리고 자기가 무얼 좋아하는지 알기 위해서는 우선 그 일을 해봐야 한다. 여러 가지 일을 접해보고 경험을 하다가 자신의 적성에 맞는 일을 발견하게 된다.

그런데 학생들은 그동안 학교에서 공부만 했다. 일한다고 해봐야 편의점 같은 데서 아르바이트한 정도다. 이 정도 지식과 경험을 가지고 자신이 어떤 일에 적성이 있는지 아는 것은 불가능하다. 많은 학생이 자신이 무얼 좋아하는지를 알지 못해서 고민한다. 사회에서는 자신이 좋아하는 일을 하라고 한다. 그런데 자기가 무얼 좋아하는지 알지를 못한다. 그래서 자기 자신에게 무언가 문제가 있는 게 아닌지 고민한다. 사실 대학 전공도 자기가 정말 좋아하는 과에 들어왔다기보다는 점수에 맞춰 들어온 경우가 많다. 자기가 좋아하는 게 뭔지를 모른다.

그런데 이건 당연하다. 우선 일을 해봐야 자기가 그 일에 적성이 맞는지 안 맞는지를 알 수 있다. 학생 때 자기가 원했던 직업은 정말 자기가 그 일을 좋아해서가 아니라, 사회에서 그 직업이 좋다고 했기 때문인 경우가 많다. 정말 그 일에 뛰어들어 하다 보면 적성에 맞지 않아 버티기 힘든 경우가 많다.

대학을 졸업하고 사회에 진출하면 그때부터 본격적으로 자신의 진짜 전공을 찾아가기 시작한다. 처음에 적성이 맞는 일로 생각해 시작했지만 그게 아니라고 생각해서 다른 길을 찾아간다. 자기 업무뿐만 아니라 주변 사람들이 하는 일을 옆에서 지켜보고, 자기가 어떤 일을 좋아하는지, 자신의 적성이 무엇인지를 점차 알아나간다. 그러다가 자신의 적성에 맞는 일을 새로이 자신의 전공으로 선택하게 된다. 그것이 자신의 진실한 전공이 된다. 대학 때 전공은 말 그대로 대학 때 전공한 것일 뿐이다.

그래도 대학 때 전공과목을 몇 년간 배웠는데 전공을 바꾸는 게 과연 쉬울지 고민하는 사람들이 있다. 그건 대학 때 배운 것들이 굉장히 가치 있고 상당히 많은 양이라는 착각에서 비롯된 생각이다. 우리나라 4년제 대학은 140학점을 이수하고 졸업한다. 이중 전공 학점은 보통 80학점 정도다. 나머지는 교양과목, 기타 선택과목으로 채워진다. 자신은 전공이라고 생각하지만 사실 그 전공과목에 대해 배운 것은 80학점이 조금 넘을 뿐이다. 80학점이면 27과목 정도다. 대학 교재 27권 정도의 지식이다. 사실 이런 정도의 지식은 1년간 마음먹고 달려들면 다 읽고 익힐 수 있는 분량이다. 사회에 나와서 본격적으로 1년만 스스로 공부하면 대학 졸업자 정도의 실력을 금방 따라잡을 수 있다.

그 분야의 지식이 아니라 자격이 필요한 거라면 대학원을 가면 된다. 대학원에 들어갈 때는 대부분 대학 때 전공 여부와 관계없이 들어갈 수 있다. 그리고 사회에서는 4년제 대학 졸업자보다 대학 전공은 다르지만 그 분야의 대학원 졸업자를 더 전문가로 인정해준다. 전공은 대학원 2년만 더 다니면 얼마든지 바꿀 수 있다. 아니면 그 분야의 자격증을 따도 된다. 경영학과를 졸업한 학생과 국문학과를 졸업했지만 공인회계사 자격증을 가지고 있는 사람 중에서 누가 더 회계나 경영의 전문가로 인정받을까? 대학 전공과 관계없이 자격증을 따면 그 분야의 전문가로 인정받을 수 있다. 대학 전공은 스스로의 노력으로 얼마든지 바꿀 수 있다.

정말로 어려서 전공을 결정해야 하고, 나이가 들면 전공을 바꾸기 어려운 분야가 있기는 하다. 스포츠 분야가 그렇다. 10대 중반이 넘어서 피겨를 새로 시작하겠다고 하면 그건 불가능에 가깝다. 20대가 되어서 축구선수를 희망하고 연습을 시작하면 평생을 노력해도 축구선수가 되기 어렵다. 음악 분야도 그렇다. 하지만 다른 분야는 그렇지 않다. 나이 서른에 의사가 되기 위해서 의대에 들어가는 사람들도 많다. 기술자가 경영자로 전공을 바꾸는 일은 다반사로 일어난다. 변호사나 의사가 작가가 되는 경우도 쉽게 찾아볼 수 있다. 무엇보다 대학 때 자기 전공대로 직업을 갖는 사람 자체가 그렇게 많지 않다. 대부분의 사람이 대학에서의 전공과 상관없는 직업을 가지고 살아가는 것이 현실이다. 대학에서의 전공은 살아가면서 그렇게 중요하지 않다.

2장

직장생활에 대한 최소한의 예습

똑똑한 사람이 취업한다 vs
회사에 맞는 사람이 취업한다

학교를 졸업한 다음에는 사회에 나와서 취업을 하게 된다. 그런데 어떤 사람이 취업을 잘할 수 있을까? 어떤 사람이 쉽게 또 빨리 취업할까?

학생들은 더 똑똑하고 성적이 좋으면 취업이 잘된다고 생각한다. 즉 더 우수한 사람, 똑똑한 사람이 취업이 잘되고, 우수하지 못한 학생은 취업이 쉽지 않을 거라 생각한다. 학생들이 그렇게 생각하는 데에는 이유가 있다. 학생의 세계에서는 똑똑한 사람, 공부를 잘하는 사람이 항상 우선권을 가지기 때문이다. 학교에서 학생을 평가하는 기준은 성적이었다. 공부를 잘하는 사람, 시험이나 질문에서 정답을 내놓는 학생이 잘하는 학생이다. 그리고 어떤 부분에서든 학생을 선발할 때는 항상 성적이 기준이 된다. 성적이 좋은 사람에게 상을 주었고 선택권을 먼저 부여했다. 즉 학교에서는 성적이 좋은 학생, 더 똑똑한 학생이 우선 선택된다.

중학교에서 고등학교에 들어갈 때도 공부를 잘하는 학생들이 과학고나 외고 같은 특목고에 진학한다. 그 학교에서 가장 똑똑하고 공부를 잘하는 학생들만 이런 학교에 지원하고 진학할 수 있다. 고등학교에서 대학교에 들어갈 때도 마찬가지다. 성적이 좋은 학생이 좋은 대학에 간다. 더 똑똑한 사람이 더 좋은 대학에 더 빨리 진학한다. 성적이 나쁜 학생은 대학에 진학하지 못할 수도 있고, 재수하는 바람에 늦어질 수도 있다. 학교에서는 성적이 좋을수록 더 좋다. 똑똑할수록 더 좋다. 그런 사람들이 먼저 기회를 잡고 더 좋은 자리에 갈 수 있다.

10년이 넘는 학교생활에서 그렇게 똑똑한 사람이 더 좋은 학교에 진학하고 공부 잘하는 학생이 빨리 진학하게 되는 것을 지켜봐왔다. 그래서 이 사회는 똑똑한 사람이 더 잘나가는 것으로 생각한다. 공부를 잘하는 똘똘한 사람이 사회에서도 우선 선택을 받을 것으로 여긴다. 하지만 그렇지 않다. 똑똑한 것이 사람을 뽑는 우선적인 조건이 되는 것은 학교에서만이다. 성적이 좋은 사람이 먼저 선발되는 것도 학교에서만이다. 이 사회에서는 절대로 똑똑한 사람이 우선 선발되지 않는다. 성적이 좋은 사람을 먼저 뽑는 것도 아니다. 회사가 사람을 뽑는 기준은 다르다. 사회와 직장에서 사람을 선발하는 기준은 학교와 다르다.

여러분이 회사를 운영하는 사장이라고 생각해보자. 그러면 여러분은 어떤 사람을 직원으로 뽑을까? 회사가 직원을 뽑으려고 할 때는 회사의 업무에 필요하기 때문이다. 회사에서 현재 하고자 하는 일이 있는데 사람이 부족하다. 그런 경우 그 일을 수행할 사람을 뽑는다. 예를 들어 회사에서 지금 청소할 사람이 부족하다고 하자. 그럼 청소를 잘하는 사람을 뽑는다. 영업직이 부족하다고 하자. 그러면 영업을 잘하는 사람을 뽑는다. 회계부서에서 사람이 부족하면 회계를 할 수 있는 사람을 뽑는다. 회사에서는 똑똑한 사람을 뽑는 게 아니다. 자기 회사에 부족한 사람을 뽑는다.

똑똑한 사람은 그런 일들을 다 잘할 수 있지 않을까? 그래서 어떤 일을 하든 똑똑한 사람을 뽑는 게 더 좋은 게 아닐까? 그렇지 않다. 똑똑한 사람을 뽑아서 청소하는 일만 시키면, 그 사람은 한 달 내로 사표를 제출한다. 영업 분야에서는 사람들과 얼마나 잘 소통하느냐가 중요하다. 성적이 우수하다는 이유로 영업직을 뽑으면 그 사람은 몇 개월 내에 회사를 그만두고 나간다.

처음 사장이 되어서 그런 걸 잘 모른다면 무조건 똑똑한 사람을 뽑으려고 할 수도 있다. 하지만 성적이 좋다고 그 자리에 맞지 않는 사람을 뽑으면 그 사람은 그 자리를 버티지 못한다. 조금 시간이 지나면 회사를 나가려고 한다. 회사에서 사람을 뽑을 때는 똑똑하다는 기준, 공부를 잘한다는 기준이 중요하지 않다. 그 대신 자기 회사에서 지금 필요한 업무에 맞는 사람을 뽑는다.

청소 같은 단순 업무나 영업직은 그렇다 치고, 일반 사무직은 성적 좋은 사람이 더 낫지 않을까? 하지만 사무직 중에서도 계속 변화가 이루어지는 분야가 있고 변화 없이 정형적으로 이루어지는 분야도 있다. 이때 변화와 전략이 필요한 업무에는 변화를 긍정적으로 받아들이는 사람을 뽑는다. 정형적인 업무를 수행하는 사무직이 필요하다면 변화를 좋아하는 사람을 뽑지 않는다. 정형적이고 반복적인 사무 업무를 하는 자리에 혁신을 즐기고 발전을 좋아하는 사람을 앉혀 놓으면 오래 버티지 못하기 때문이다.

회사에서 사람을 뽑는 것은 남자와 여자가 서로를 선택해서 사귀는 것과 유사하다. 남자가 여자를 선택할 때, 그리고 여자가 남자를 선택할 때는 성적을 보고 고르지 않는다. 그 사람이 얼마나 똑똑한지를 보고 사귈지 말지를 결정하지는 않는다. 남녀 간의 만남에서 가장 중요한 것은 서로 얼마나 맞느냐다. 똑똑하지 않더라도 잘 맞는 사람이면 계속해서 사귈 수 있다. 하지만 제아무리 똑똑해도 자신과 맞지 않으면 만나기 어렵다.

회사도 마찬가지다. 회사에서는 자신이 채용한 사람과 하루 최소 8시간, 1주일에 5일 이상을 같이 지낸다. 시간만 따지면 가족보다 더 밀접하다. 웬만한 연인들보다 더 오랜 시간을 같이 지낸다. 이런 사이에서 똑똑한가 아닌가는 아무런 영향을 미치지 못한다. 성적이 좋은지 아닌지를 기준으로 같이 지낼 사람을 뽑지는 않는다. 가장 중요한 조건은 이 사람이 자기 회사와 맞느냐 아니냐다. 그 사람이 지금 회사에서 필요로 하는 업무와 맞느냐가 첫째 조건이고, 회사와 맞느냐가 두 번째 조건이다. 회사는 자기와 맞는 사람을 뽑는다.

회사는 자기와 맞는 사람을 뽑기에 회사에 취직했냐 아니냐는 그 사람이 더 똑똑한가 아닌가를 말해주지 않는다. 여러 사람이 같이 한 회사에 지원서를 냈는데 그중 한 사람만 그 회사에 취직했다고 하자. 그럼 그 한 사람이 가장 똑똑한 사람인가? 가장 뛰어난 사람인가? 학교에서라면 그 사람이 가장 똘똘했다고 말할 수 있을 것이다. 그러나 사회에서는 아니다. 직장에서는 단지 그 사람이 자기 회사와 가장 잘 맞을 것 같기 때문에 뽑은 것이다.

그러므로 입사 시험에 떨어진 것과 그 사람의 능력과는 아무런 상관이 없다. 입사 시험에 붙었다고 더 똑똑한 사람이 되는 것은 아니다. 입사 시험에 떨어졌다고 더 부족한 사람이 되는 것도 아니다. 그냥 지원자가 그 회사에 맞았느냐 안 맞았느냐일 뿐이다.

남녀 간의 만남에서, 내가 상대 여자와 맞지 않는다고 해서 내가 잘못되거나 틀린 것은 아니다. 그 여자에게 잘못이 있는 것도 아니다. 그냥 서로 '궁합'이 맞지 않은 것일 뿐, 누가 더 잘나고 못나고를 따질 일은 없다.

빨리 취직했다는 사실은 그 사람이 더 똑똑하다는 것을 말해주지 않는다. 자기에게 맞는 회사를 운 좋게 더 빨리 발견했을 뿐이다. 늦게 취직했다고 해서 그 사람이 부족한 것은 결코 아니다. 자신에게 맞는 회사를 늦게 발견했을 뿐이다.

더 나아가 대학을 졸업한 후 한동안 취업을 못했다 해서 그 사람이 능력이 없는 것은 아니다. 자기 자신에게 뭔가 큰 문제가 있어서 취업을 못했다고 생각하는 학생들이 있는데, 그렇지 않다. 그냥 자신과 맞는 회사를 아직 만나지 못했을 뿐이다.

남녀 사이에서 빨리 애인을 만드는 사람이 더 능력이 있는 건 아니다. 애인이 늦게 생긴 사람이 더 못난 사람이 되는 것도 아니다. 그리고 애인이 몇 년간 없다고 해서 그 사람이 능력이 없는 사람이라는 평가는 말도 되지 않는다.

이건 그냥 운이다. 자기에게 맞는 상대방을 언제 만날 수 있는가는 자기가 얼마나 똑똑한가와는 아무 상관이 없다. 사회에서 직장을 가진다는 것은 남녀의 만남과 같다. 자기와 잘 맞는 직장이 언제 나타나느냐의 문제다. 학교에서는 똑똑한 것, 공부 잘하는 것, 우수한 성적을 기준으로 선발한다. 하지만 사회와 직장에서는 그런 논리로 사람을 뽑지 않는다. 그러니 취업이 잘 안 된다고 스스로 능력이 없는 것으로 비하할 필요는 없다.

빨리 취직하는 게 좋다 vs 취직을 언제 하는가는 중요하지 않다

학생의 세계에서는 빨리 결정되는 게 좋은 것이다. 좀 더 우수한 학생, 공부를 잘하는 학생은 무언가가 좀 더 빨리 결정된다. 중학교에서 고등학교에 올라갈 때 자신이 다닐 고등학교가 먼저 결정되는 쪽은 외고, 과학고 등 특목고에 들어가는 학생이다. 이런 학교들은 일반 학교들보다 입학 절차를 먼저 시작한다. 그래서 우수한 학생들이 먼저 이런 학교에 지원하고, 이 학교의 합격자 발표가 끝난 다음에 일반 고등학교의 입학 절차가 시작된다. 한마디로 중학교 때 공부를 잘한 학생들이 먼저 진학을 결정짓는다. 그래서 고등학교에 먼저 들어가는 사람들은 나중에 들어가는 사람들보다 더 우수한 학생들이다.

고등학교에서 대학에 들어갈 때도 마찬가지다. 과학고 같은 경우에는 고등학교에 들어가서 2년 만에 대학을 지원할 수 있다. 다른 사람들은 3년을 다녀야 하는 고등학교를 2년만 다니고 대학교에 들어간다. 이렇게 2년 만에 지원하는 사람들은 과학고 중에서도 특히 공부를 더 잘한 학생들이다. 대학교를 다른 사람들보다 더 일찍 들어가는 학생은 공부를 그만큼 더 잘하는 우수한 학생이다.

고3이 되어서 대학에 들어가려 할 때, 특별한 몇몇 경우를 빼고는 내신 등이 우수한 학생들은 먼저 수시 전형에 합격한다. 수시에서 떨어진 학생들이 그다음 정시에 지원한다. 물론 정시에 지원하더라도 좋은 대학에 들어갈 수 있다. 하지만 수시로 들어갔다는 것은 그만큼 실력을 더 빨리 해당 대학으로부터 인정받았다는 뜻이 된다. 같은 대학을 들어갔다고 해도 수시로 들어갔다면 일단 성적이 어느 만큼 우수했다고 볼 수 있다. 빨리 대학을 들어가는 것은 더 우수한 학생이었다는 증거가 된다.

대학에 들어가는 순서도 마찬가지다. 먼저 합격자 발표가 나는 학생이 더 우수한 학생이다. 추가로 합격이 되면 기존의 합격자보다 조금 성적이 떨어지는 사람이다. 2월이 되어서 합격하면 해당 과에서 성적이 거의 밑바닥이라는 이야기가 된다. 합격자 발표를 먼저 받는 사람일수록 더 우수한 학생이다.

고등학교를 졸업하고 대학에 바로 들어가지 못하고 재수를 하면 재수를 하지 않은 학생들보다 덜 우수한 학생이 된다. 삼수해서 들어가면 재수를 한 것보다 더 안 좋은 것으로 생각한다. 대학을 들어가더라도 더 일찍 대학에 들어간 사람이 더 우수한 학생이다. 빨리 결정될수록 더 좋다.

학교 시스템에서는 이런 식으로 결정이 된다. 빨리 결정될수록 더 우수한 학생이다. 그래서 학생들은 취직도 그와 비슷하다고 생각한다. 취직을 먼저 하는 사람을 우수한 학생으로 본다. 그래서 더 빨리 취직하려고 노력하고, 취직이 늦어지면 자신이 부족하다고 받아들인다. 같은 과 친구들이 거의 다 취직을 했는데 나만 못하고 있으면 자괴감을 가지기도 한다. 취직을 못하고 있으면 자신에게 문제가 있고 실력이 없어서 그런 것으로 생각한다.

학생일 때 학교에 빨리 들어가지 못했다면 자신의 실력이 부족해서 그런 것이다. 자신의 등수가 다른 학생들보다 낮아서 빨리 합격하지 못한 거였다. 그래서 학생들은 회사에 들어갈 때도 자신이 우수하면 빨리 취직이 되고, 자신이 좀 떨어지면 취직이 늦어진다고 생각한다. 그리고 대학에 들어갈 때 성적이 아주 낮으면 대학을 들어가지 못하는 것처럼 자신의 실력이 안 좋으면 취직이 아예 안 된다고 생각한다.

하지만 사회는 그런 식으로 굴러가지 않는다. 사회에서는 우수한 사람을 더 먼저 선발하고 그다음에 그보다 덜 우수한 사람을 뽑고, 또 그다음의 실력을 지닌 사람을 선택하는 과정이 전혀 없다. 회사에서 사람을 선발하는 것은 시간과 아무런 상관이 없다. 더 빨리 취직한다고 해서 더 우수한 사람이 되는 것도 아니고, 늦게 취직한다고 해서 덜 우수한 사람이 되는 것도 아니다.

회사에서 사람을 뽑는 시기는 직원이 부족했을 때다. 기간을 정해놓고 뽑지 않는다. 학교에서는 언제 학생이 들어오고 나가는지가 분명하다. 3월에 입학생이 들어오고, 2월 졸업할 때 학생들이 나간다. 그래서 학교에서 학생을 모집하는 시기는 정해져 있다. 그전 해 가을과 겨울에 그다음 해 입학할 학생들을 뽑기 시작한다. 학생들은 초등학교 때부터 대학을 졸업할 때까지 겨울에 그다음 해에 입학할 학교가 정해지는 것을 경험해왔다. 그래서 가을이나 겨울에 취직해야 한다고 생각한다.

하지만 기업은 학교처럼 1년마다 사람이 정기적으로 나가고 들어오고 하지 않는다. 회사에서 결원이 생길 때는 1년 중 어느 시기라는 게 정해지지 않았다. 사람이 모자라면 직원을 더 뽑고 기존 직원이 나가면 사람을 더 뽑는다. 실제 기업에서는 1년 내내 사원 모집이 이루어진다. 가을과 겨울에는 사람을 뽑고 봄이나 여름에는 사람을 뽑지 않거나 하지 않는다. 실제 기업의 사원 모집 공고를 살펴보면 1년 내내 그 수가 비슷하다. 기업에서는 그냥 사람이 필요하면 모집 공고를 낼 뿐이다. 먼저 들어온 사람이 더 우수한 사람이고, 나중에 들어온 사람이 덜 우수한 사람이라는 기준 자체가 존재하지 않는다.

그리고 학교에서는 1학년, 2학년, 3학년 하는 식으로 학생들을 구분한다. 그래서 같은 학생이라도 누가 더 먼저 들어왔고 누가 나중에 들어왔는지 확실히 구분된다. 하지만 기업에서는 사원, 대리, 과장, 부장 등으로 구분된다. 사원이냐 과장이냐가 중요하지 사원 1년 차인가 2년차인가는 그렇게 중요하지 않다. 먼저 들어온 사원이 나중에 들어온 사원보다 더 우수한 사원인 것도 아니고 더 윗사람이 되는 것도 아니다.

한국에서 학생들이 취업에도 시기가 있다고 생각하는 것은 대기업 공채 시험 때문이다. 대기업 공채 시험은 보통 가을에 있다. 학생들은 이 대기업 공채 시험을 그동안 중학교에서 고등학교에 들어갈 때, 그리고 고등학교에서 대학교에 들어갈 때의 입학시험처럼 생각한다. 대입 준비를 하듯이 공채 시험 준비를 하고, 고등학교를 졸업하고 대학교를 들어가듯이, 대학교를 졸업하고 난 후 공채로 대기업에 들어가려 한다. 그리고 수능을 치르지 않고는 대학에 들어가는 것이 불가능하듯이, 대기업 공채 시험에 합격하지 못하면 그 기업에 들어가는 것이 불가능한 걸로 생각한다. 대학에 편입은 있지만, 편입생이 원래 학생들보다 불이익을 받듯이 회사도 나중에 들어간 사람에게 불이익이 있을 것으로 생각한다.

하지만 대기업이라 하더라도 사원 모집은 1년 내내 계속된다. 대졸 공채만 일정 시기에 이루어질 뿐이다. 그리고 대기업이라 하더라도 봄에 사람들을 뽑는 경우가 많다. 기업에서 사람을 뽑는 것은 자기 기업에 사람이 필요할 때이지 따로 특정 시기를 정하지 않는다. 어떤 시기에 들어간 사람들이 더 우수한 사람이라는 인식은 학교에서는 있을 수 있어도 사회에는 없다. 사회에서는 언제든 직장을 가지기만 하면 된다. 그러면 다른 직장인들과 완전히 동일 선상에 설 수 있다.

사실 회사에서는 그럴 수밖에 없다. 회사에서 근무하는 모든 직원의 입사 날짜는 각기 다르다. 1년 내내 퍼져 있다. 학생들은 모두 3월에 학교에 들어오지만, 회사에서는 입사 날짜가 모두 다르다. 그래서 입사를 언제, 어느 계절에 했는가는 전혀 중요하지 않다.

학생들은 나이와 학년이 중요하다. 그래서 학생의 나이와 학년을 보면 이 학생이 재수했는지 혹은 삼수했는지 파악할 수 있다. 하지만 회사에서는 사원, 과장 등의 직책만 있다. 또 과장으로 진급하는 시기도 사람마다 다 다르다. 그래서 직급과 나이를 알아도 이 사람이 언제 회사에 들어왔는지 파악할 수 없다. 누가 회사에 빨리 들어왔냐 늦게 들어왔냐는 인사부에서나 파악하고 있을 뿐 별로 중요하지 않다.

그리고 학교의 경우 나중에 편입으로 들어온 사람은 같은 학교에 다니면서도 기존의 학생과 좀 차별되는 것이 있다. 나중에 편입한 사람이 적기 때문에 중간에 들어온 사람은 금방 티가 난다. 그래서 차별이 있을 수 있다. 하지만 회사에서는 중간에 경력직으로 들어오는 사람이 태반이다. 삼성 같은 기업도 경력직으로 중간에 들어온 사람들의 비중이 몇십 퍼센트에 달한다. 지금 이 회사의 직원인가 아닌가만 중요할 뿐이지, 언제 이 회사에 들어왔는가는 전혀 중요하지 않다.

학생들은 학교에 언제 들어가는가가 중요하다. 학생들 사이에서 공부를 더 잘했나 못했나를 판단하는 중요한 요소가 바로 이 입학 시기이기 때문이다. 하지만 사회에서는 입사 시기가 전혀 중요하지 않다. 회사에 빨리 들어가는 것이 좋다고 생각하는 것은 학생의 사고방식이다. 회사는 언제 들어가든 들어가기만 하면 된다. 경력직으로 가더라도 아무런 상관이 없다. 회사에서 활동할 때 입사 시기는 전혀 영향을 미치지 않는다.

어떤 회사인가가 중요하다 vs
어떤 업무인가가 중요하다

학생들이 서로를 평가하는 기준은 보통 어떤 학교에 다니는가이다. 같은 학교 내에서는 성적이 어떤가, 공부를 잘하나를 가지고 평가를 하겠지만, 같은 학교가 아닌 학생들끼리는 어떤 학교에 다니느냐가 주된 평가 기준이다. 외고를 다니면 이 학생은 공부를 잘하는 학생이다. 일반고를 다니는 사람보다 무언가 더 나은 사람으로 여겨진다. 대학에서도 중요한 것은 어떤 학교에 다니는가다. 서울대를 다닌다고 하면 이 사람은 서울대를 다닌다는 그 한 가지가 가장 중요하다. 서울대 중에서 어떤 과인가는 그렇게 중요하지 않다. 어떤 대학에 다니는가에 의해서 일단 그 사람의 평가가 거의 완성된다. 어떤 과 혹은 어떤 전공인가는 어떤 대학인가에 딸려 있는 사항일 뿐이다.

  단 한 가지 예외가 의대다. 의대를 다닌다고 하면 어떤 대학인가보다 의대라는 그 자체가 중요하다. 학교 수준이 낮다 하더라도 의대를 다닌다고 하면 한 수 접어준다. 이렇게 의대를 제외하고는 모두 다 학교가 우선이다. 외고에서 꼴찌를 한다 하더라도 일반 고등학교 학생보다는 나은 것으로 생각한다. 서울대에서 계속 낙제를 하더라도 지방대를 다니는 것보다 나은 것으로 생각한다. 그 안에서 어떻게 지내느냐, 성적이 어떤가보다는 어떤 학교이냐가 중요하다.

학생들은 이런 사고방식으로 10년 넘게 생활해왔다. 그러다 보니 직장을 얻을 때도 어떤 회사인가를 가장 중요하게 친다.

공무원 시험에 합격하여 공무원이 되는 게 중요하다. 공무원이 돼서 어떤 업무를 담당하는가는 중요하지 않다. 무조건 공무원이 되기만 하면 된다. 공무원이 되기만 하면 실제 하는 일이 무엇이건 간에 좋은 직장을 다닌다고 칭찬을 한다.

한국에서 가장 좋은 회사라는 삼성에 들어가는 것이 중요하다. 삼성에서 어떤 일을 하는가는 중요하지 않다. 사람들이 이름을 다 아는 대기업에 다니기만 하면 된다. 대기업에 다니기만 하면 그 안에서 어떤 일을 하든, 친구들이 다 좋은 데 다닌다고 하면서 부러워한다.

중소기업에 다니면 무슨 일을 하든 대기업보다 안 좋은 것이다. 총인원이 10인 정도의 소규모 회사는 될 수 있으면 피하는 게 좋다.

학생들은 이렇게 생각한다. 학생들 그리고 직장을 다니지만 학생의 사고방식을 계속 가지고 있는 사람들에게 중요한 것은 오로지 어떤 회사인가다.

하지만 학생에서 벗어나 사회인이 되면서 정말 중요한 것은 어떤 회사인가가 아니다. 어떤 업무를 하는가다. 어떤 회사에 다니는가보다 어떤 업무에 전문성을 가지고 있느냐가 그 사람의 삶에 훨씬 더 큰 영향을 미친다.

현재 한국 경제에서 가장 큰 문제 중 하나가 자영업자 비중이 높다는 사실이다. 한국의 자영업자 비율은 OECD 국가 중에서 최고다. 편의점, 식당, 치킨집, 커피숍, PC방 등 자영업을 하는 사람들이 매우 많다. 자영업자는 직업을 가지고 경제 활동에 종사하는 사람들이기는 하지만 취업의 질이 그렇게 좋은 것으로 평가되지는 않는다. 그래서 자영업자가 많다는 것은 일하고 있는 사람들이 많긴 하지만 경제적으로나 생활 측면에서 넉넉하지 않은 사람들이 많다는 뜻이기도 하다.

그런데 한국에서 자영업자가 많은 이유는 무얼까? 창업 후 5년 이내에 망할 가능성이 높다는 사실을 알고 있는데도 계속 자영업자가 증가하는 이유는 뭘까? 그건 직장을 그만둔 사람들이 계속 자영업 쪽으로 들어오기 때문이다. 그동안 직장을 다니던 사람들이 40대 중반이나 50대에 직장을 그만둔다. 이 나이대에서는 연금도 받을 수 없다. 그래서 돈을 벌 수 있는 경제적 행위를 계속해야 한다. 이 사람들이 자영업으로 진출한다. 직장을 다니면서 모은 저축, 퇴직금을 털고 자기가 사는 아파트를 담보로 대출받아 자영업을 시작한다. 그래서 자영업자가 계속 증가하고 있다. 하지만 이 사람들은 그동안 식당 등을 한 번도 해보지 않은 사람들이다. 평생 해보지 않은 일을 나이 50이 되어서 시작한다. 그러니 사업이 제대로 잘되지 않는다. 한국에서 많은 사람이 자영업을 시작하고 또 대부분이 몇 년 내에 망하게 되는 건 이 때문이다.

여기서 한 가지 사실을 짚고 넘어가야겠다. 다른 나라도 많은 수의 직장인이 50대가 넘어가면서 직장을 그만둔다. 그런데 다른 나라에서는 편의점, 식당 등을 하는 자영업자 수가 그렇게 증가하지 않는다. 한국에서는 40~50대에 직장을 그만두면 많은 수가 자영업을 시작하는데 다른 나라에서는 이 사람들이 자영업으로 몰리지 않는다는 뜻이다. 다른 나라에서는 직장을 그만두면 어떤 일을 하는 걸까? 어떤 일을 하기에 자영업자 수가 증가하지 않을까?

한국에서는 보통 20대 중반, 늦어도 30대 초반에 직장을 갖는다. 그리고 50대를 전후해서 그만둔다. 그러면 직장에서 20년 넘게 일했다는 뜻이다. '1만 시간의 법칙'이 있다. 한 가지 일에 1만 시간을 투여하면 그 일에 대한 전문가가 되고, 그 일로 먹고살 수 있게 된다는 법칙이다. 그 업무를 통해 부자가 되는 것까지는 몰라도, 어쨌든 먹고살 수 있는 프로는 될 수 있다는 뜻이다. 1만 시간이면 하루에 3시간씩 10년이다. 하루에 3시간씩 10년을 하면 그 일로 먹고살 수 있는 프로의 경지에 오른다. 그런데 직장에서 20년을 다녔으면 해당 업무를 하루에 8시간씩 20년을 한 셈이다. 그 분야에 대해 정말 전문가가 될 수밖에 없다.

회사에 다니면서 이렇게 그 분야에 능통한 전문가가 되었다면 회사를 그만둔 다음에는 자기 업무 분야에 대한 회사를 차리면 된다. 무려 20년 동안 그 분야의 일을 해왔다면 그 분야 사람들과의 네트워크도 충분히 가지고 있다. 그 분야가 어떻게 돌아가는지, 어떻게 수입을 얻을 수 있는지도 충분히 알게 된다. 그러면 그 분야에서 창업하면 된다. 그동안 한 번도 안 해본 식당, PC방, 편의점을 할 필요가 없다.

외국에서는 회사를 그만두고 자기 사업을 한다고 하면 자기 분야에서 회사를 차리는 게 일반적이다. 그동안 홍보 업무를 해온 사람은 홍보 회사를 차린다. 마케팅 업무를 계속해온 사람은 마케팅 회사를 차린다. 기술자는 새로운 기술을 활용한 제품을 개발해서 판매하려고 한다. 그동안 식당에서 일해온 사람은 독립해서 자기 식당을 열려고 한다. 유통업계에서 일해온 사람은 편의점을 낸다. 이런 식으로 그동안 해온 업무를 기반으로 자기 사업을 시작한다.

그런데 한국에서는 이 시스템이 잘 작동하지 않는다. 한국에서는 20년 동안 한 회사에 다녔더라도 그만둔 다음에는 이와는 관계없는 자영업을 하는 경우가 많다. 그건 자기 전공 분야가 없기 때문이다. 전공 분야가 있기는 하더라도 그 분야에서 먹고살 수 있을 만큼의 전문성은 없기 때문이다. 그 분야에서 먹고살 수 있을만한 프로는 아직 아니라는 뜻이다. 이건 많은 사람이 자기 업무에 초점을 맞추기보다는 어떤 회사에 다니는가를 중시해오면서 살아왔기 때문이다. 회사에 다니면서 자기 업무에 대한 전문성을 찾기보다는 어떤 회사에서 일하는가에 가치를 두었다. 대기업에서 일하는 것이 중요하고, 어떤 일을 하는가는 중요하지 않다. 그러면 회사에서 어떤 일을 시키든 별 상관없이 일한다. 마케팅 부서에 발령이 나면 아무 소리 하지 않고 마케팅 일을 하고, 재무 부서에 발령이 나면 별 불평 없이 재무 관련 일을 한다. 이런 식으로 일하면 회사에 아무리 오래 다닌다고 해도 전문성을 쌓을 수 없다. 자기 자신은 어떤 일이든 주어진 일을 잘 마무리할 수 있다고 생각하겠지만, 막상 그 회사를 나오면 아무도 찾지 않는 존재가 된다. 사회에서 자신의 전문성을 인정해주지 않으니 자기 업무를 바탕으로 회사를 차릴 수가 없게 된다. 그래서 식당 같은 자영업의 길을 걸을 수밖에 없다.

반대로 조그만 회사만 다니더라도 계속 자기 업무에 중점을 두고 해왔다면 경쟁력이 생긴다. 그 사람이 능력이 많건 적건, 자질이 있건 없건 한 업무를 20년 이상 계속해오면 누구도 따라올 수 없는 경쟁력이 생길 수밖에 없다. 이런 사람들은 회사를 나온 다음에도 자신의 업무를 바탕으로 사업을 시작할 수 있다.

20대, 30대 때는 대기업에 다니는 사람들이 월급도 더 많고 좋아 보인다. 그런데 40~50대가 되면 대기업을 계속 다녔던 사람들보다 작은 회사에 다닌 사람 중에서 큰 부자가 더 많이 나온다. 인생의 경쟁력은 어떤 회사에 다니는가에서 나오는 것이 아니라 어떤 업무를 하는가에서 나온다.

학생 때는 어떤 학교에 다니는가가 더 중요하다. 그래서 회사도 어떤 회사에 다니는가가 더 중요할 거라 생각한다. 하지만 사회에서의 진실한 경쟁력은 회사 이름에서 나오지 않는다. 자기 업무가 무엇이고, 그 업무의 경쟁력이 얼마나 되는가가 훨씬 더 중요하다.

답을 아는 게 중요하다 vs
설명과 설득이 중요하다

학교에서는 성적을 잘 받는 것이 중요하다. 그리고 학교에서 성적을 잘 받기 위해서는 시험을 잘 치러야 한다. 중고등학교 때부터 계속 중간고사, 기말고사를 치르고 대학에 들어갈 때도 시험을 친다. 대학에서도 계속 중간고사, 기말고사가 있다. 취직 공부를 할 때도 토익, 토플 시험을 본다. 요즘은 대기업에서 보는 적성 시험 준비도 한다. 학생 때는 자신을 평가받는 도구가 기본적으로 시험이다. 그리고 이 시험들을 잘 보기 위해서는 아는 게 많아야 한다. 학교에서 보는 시험은 대부분 해당 분야에 대해 지식을 얼마만큼 가지고 있는가에 초점을 맞춘다. 그래서 시험 문제의 답이 무엇인지를 맞히는 것이 중요하다. 즉 학교에서는 답을 아는 것이 중요했다. 시험 분야에 대해 얼마나 많이 알고 있는가, 지식이 얼마나 많은가에 의해서 시험 점수가 결정된다. 학교에서 중요한 것은 답을 아는 것이다.

객관식 문제는 1번, 2번, 3번, 4번 중에서 답을 고르는 것이다. 답이 무엇인가만 알면 된다. 그러면 높은 점수를 받을 수 있다. 주관식 문제는 답을 쓰는 것이다. 대부분의 주관식은 단답형이다. 객관식처럼 예가 나와 있지 않고, 그냥 아는 걸 쓰도록 한다. 주관식이라고 해서 설명할 수 있는 능력, 설득할 수 있는 능력이 필요한 것은 아니다. 그냥 주어진 문제에 대해 답을 쓰면 충분했다.

가끔가다가 길게 써야 하는 주관식 문제도 있다. 몇 줄 이상 써야 하는 경우도 있는데, 이때도 알고 있는 지식을 조금 덧붙여서 쓰면 된다. 더 길게 써야 하는 주관식 문제도 있다. 이때는 자기가 배운 것들을 잘 정리해서 써야 한다. 창의적으로 쓴다고 해서 교수님이나 선생님이 전혀 가르치지 않은 것을 쓰면 아무리 잘 써도 높은 점수를 받지 못한다. 수업 시간에 배운 것들이 답안지에 들어가 있어야 한다.

이건 시험의 성격상 당연하다. 시험은 기본적으로 시험 보는 사람이 해당 사항을 얼마나 알고 있는가를 평가하기 위한 것이다. 지식 측정이 목적이다. 그래서 어떤 식으로든 해당 분야에 대한 지식이 많은 사람이 시험을 잘 보게 되어 있다. 학교에서는 지식을 많이 익히고 답을 적는 것이 절대적으로 중요하다.

하지만 사회로 나가면 지식이 그렇게 중요하지 않다. 지식보다는 자신이 알고 있는 것을 잘 설명하는 능력이 중요하다. 그리고 단순히 설명하기보다는 다른 사람들을 설득할 수 있는 능력이 더 중요하다. 학교에서는 어떤 것을 아느냐 모르느냐가 중요했다. 하지만 사회에서는 아는 것을 얼마나 잘 설명하느냐, 그리고 상대방을 얼마나 잘 설득하느냐가 중요하다.

우선 사회에서는 시험을 보지 않는다. 직장에서도, 사회생활을 하면서도 시험을 볼 일이 없다. 승진하는 데 시험을 보는 회사도 있기는 하다. 그리고 직장인들도 토익 점수를 받기 위해서 영어 시험을 보기도 한다. 하지만 이런 시험들은 일반적이지도 않고, 또 토익 공부는 자신이 하고 싶어서 하는 경우가 대부분이다. 사회에서는 더는 학교에서 하는 것과 같은 시험을 보지 않는다. 사회에서는 대부분 시험으로 사람을 평가하지 않는다.

시험을 보지 않는 상태에서 누가 무엇을 많이 알고 있는가를 어떻게 알 수 있을까? 학생 때는 누가 무엇을 많이 알고 있는가를 쉽게 알 수 있었다. 시험 점수가 높은 사람이 그 분야에 대해 잘 알고 있는 사람이다. 수학 점수가 높은 사람이 수학을 잘 알고 있다. 영어 점수가 높은 사람이 영어를 잘하는 사람이다. 내가 수학 점수를 높게 받으면 평소에 수학에 대해서 아무 말도 안 하고 얌전히 지낸다 하더라도 주위 사람들은 내가 수학을 잘한다고 다 알아준다. 내 영어 점수가 과락 수준이면 내가 평소에 영어에 대해서 굉장히 잘 알고 실력이 좋다고 아무리 떠들어대더라도 주위 사람들은 내가 영어를 잘한다고 생각하지 않는다. 그 사람의 시험 점수를 보면 그 사람의 실력이 나온다.

그런데 사회에서는 시험을 보지 않는다. 사회에서는 누가 어떤 분야에 대해 많이 아는지를 어떻게 판단할 수 있을까?

회사에서 베트남에 진출하려고 베트남에 대해 알고 있는 직원을 구한다고 하자. 직원 한 명은 베트남에 대해 100을 알고 있지만 10 정도로 베트남에 관해 이야기한다. 그리고 다른 직원은 베트남에 대해 20 정도 알고 있으면서 20 정도로 베트남에 대해 설명한다. 그러면 회사는 이 두 직원 중에서 어떤 사람을 선택할까? 당연히 베트남에 대해 20 정도로 설명하는 직원이다. 회사가 보기에는 베트남에 대해 10 정도로 설명하는 사람보다 20 정도로 설명하는 직원이 베트남에 대해 두 배는 더 아는 셈이다. 회사의 선택 기준은 베트남에 대해 잘 설명하는 사람이다. 베트남에 대해 풍부한 지식을 가진 사람이 아니다. 정말로 베트남에 대해 얼마나 아는지는 중요하지 않은 것이다. 아니, 중요하긴 하다. 하지만 이건 측정하기 불가능하다. 사회에서는 그 사람이 잘 설명할 때 그 분야를 잘 알고 있는 것으로 판단한다. 머릿속에 있는 지식이 얼마나 되는지를 일부러 찾아내서 판단하지는 않는다.

이렇게 진짜 알고 있는 지식이 아니라 설명하는 능력으로 사람을 판단하는 게 불합리하게 느껴지는가? 그렇지 않다. 이 직원은 베트남에 가서 다른 사람들과 함께 업무를 수행해야 한다. 회사에서는 베트남에 가서 그 지식을 활용해서 업무를 수행할 사람이 필요하지, 알고 있기는 하지만 그 지식을 사용하지 않고 머릿속에 간직하고만 있는 사람은 쓸모가 없다. 학교는 지식을 얼마나 가지고 있는가가 중요하기에 머릿속에 있는 지식을 측정하기 위해서 시험을 본다. 하지만 사회에서는 머릿속에 얼마나 많은 지식을 가지고 있는가는 관심을 두지 않는다. 겉으로 표현할 수 있는 것이 사회에서 능력을 발휘하는 지식이다.

그래서 사회에서는 알고 있는 지식을 어떻게 잘 설명하느냐가 중요하다. 100을 알지만 10밖에 표현하지 못하는 사람보다, 10밖에 모르지만 20을 아는 것처럼 포장하는 사람이 더 능력이 있는 것으로 파악된다. 이때 100을 알고 있는 사람은 10밖에 아는 게 없으면서 포장만 잘하는 사람을 비전문가라고 비난하곤 한다. 그리고 내가 이렇게 많이 알고 있는데 왜 사회에서는 자신을 알아주지 않느냐고 속상해할 수 있다. 왜 사람들이 100을 알고 있는 나를 찾지 않고 10밖에 모르면서 말만 번지르르하게 하는 사람을 더 찾느냐고 사회를 비판할 수도 있다. 하지만 이건 자신이 아직 학생의 사고방식을 그대로 가지고 있기 때문이다. 얼마나 많이 알고 있는가는 학생 때나 중요하다. 사회에서는 자기가 얼마나 많이 알고 있는가는 중요하지 않다. 자신이 아는 것을 어떻게 잘 표현하느냐가 중요하다.

그리고 사회에서 성공하기 위해서 정말 필요한 능력은 얼마나 알고 있는가 하는 지식이 아니다. 상대방을 설득하는 능력이다. 자신과 의견이 다른 사람과 이야기해서 다른 사람의 의견을 자기편으로 끌어들이는 능력이 정말로 중요하다. 사회에서는 이런 능력을 지닌 사람들이 성공을 거머쥘 수 있다.

사람을 설득하는 것은 지식이나 설명 능력과는 다르다. 내가 많이 알고 있다고 해서 다른 사람들이 나와 같은 편이 되어 주지는 않는다. 내가 아무리 설명을 잘한다고 해도 다른 사람들이 내 쪽에 서지는 않는다. 다른 사람들을 내 편으로 만들기 위해서는 설득 능력이 필요하다.

새로 나온 자동차를 팔려는 영업사원이 있다고 하자. 한 영업사원은 20년 넘게 자동차를 연구했다. 자동차 관련 박사 학위는 물론 정비사 1급 자격증도 가지고 있다. 자동차에 대해서는 정말 지식이 풍부하다. 그렇다면 이 사람이 자동차를 잘 팔 수 있을까?

그냥 자동차를 사는 사람 입장에서 생각해보자. 자동차 박사 학위와 정비사 자격증을 가지고 있다는 이유로 그 사람에게서 자동차를 살 필요가 있을까? 그렇지 않다. 자동차에 대한 지식을 많이 가지고 있다는 것은 자동차 판매와 아무런 상관이 없다.

그러면 자동차에 대해서는 인터넷에서 검색해서 얻은 지식밖에 없지만, 자동차의 역사부터 엔진의 기능, 타이어의 특징, 디자인의 특성, 자동차가 만들어지게 된 배경 등을 줄줄이 이야기하는 사람은 어떨까? 보통 사람이 보기에는 자동차 박사 학위를 받은 사람보다는 이 사람이 자동차에 대해 더 많이 아는 것처럼 보인다. 그럼 이 사람에게서 자동차를 살까? 이 사람한테 한두 시간 자동차에 대해 배울 수는 있지만, 자동차를 사고 싶은 생각은 들지 않는다.

정말로 자동차를 사게 만드는 사람은 "이 차는 정말 고객님께 잘 어울립니다"라고 말해주는 영업사원이다. 자동차에 대해 아무것도 모르는 영업사원이지만, 사람들은 이런 사원에게서 자동차를 산다. 자동차 박사 학위를 가진 사람은 이런 걸 옆에서 보면 속이 뒤집어질 수 있다. 하지만 사회에서는 얼마나 많이 알고 있는가는 그렇게 중요하지 않다. 지식을 가지고 사람을 평가하는 곳은 학교뿐이다. 사회에서는 설명하는 능력, 특히 설득하는 능력이 중요하다.

:
못하는 게 없어야 한다 vs
하나라도 제일 잘하는 게 있어야 한다

 학생일 때는 배우는 게 참 많다. 국어, 영어, 수학, 국사, 세계사, 지리, 물리, 생물, 지구과학, 화학, 음악, 미술, 체육, 일본어, 중국어 등 정말 다양한 과목들을 배운다. 초등학생 때도 하루에 4시간 이상 계속 배우고, 고등학생이 되면 종일 공부를 한다. 대학에 와서도 일주일에 여섯 과목 이상의 수업을 들어야 한다. 잘 느끼지 못할 수 있지만 사실 학생 때 배우는 지식의 양은 어마어마하다. 과목도 많고 배우는 시간도 많다. 학생은 정말 배우는 게 직업인 것처럼 공부한다.

 그런데 학생들이 우수한 성적을 받기 위해서는 이 모든 과목을 다 잘해야 한다. 좋은 등수를 받고 좋은 대학에 들어가기 위해서는 어느 한 과목만 잘해서는 안 된다. 모든 과목을 다 잘해야 한다. 중고등학교 때는 어느 한 과목이라도 못하게 되면 좋은 등수를 받는 것이 불가능해진다.

수학을 굉장히 좋아하는 학생이 있다고 하자. 그는 수학에 천재적인 재능을 가지고 있는 수학의 영재다. 이 학생은 항상 수학에서 100점을 받는다. 그런데 이 학생은 언어는 잘 못한다. 영어를 잘 못해서 50점밖에 받지 못한다. 국어도 잘 못한다. 국어도 60점 정도를 받는다. 이 학생은 수학의 천재로 수학에는 누구보다 우수한 재능과 실력을 가지고 있다. 하지만 이 학생의 국어, 영어, 수학의 평균 점수는 70점이다. 70점으로는 반에서 10등 안에도 들지 못한다. 전교 등수도 떨어지고 좋은 대학에도 들어가지 못한다. 수학에는 천재적이지만 대학에는 들어가기 힘들다.

학교에서 좋은 성적을 받기 위해서는 어느 한 과목을 굉장히 잘하는 것은 필요 없다. 어떤 과목을 아무리 잘해봤자 100점일 뿐이다. 잘하는 과목에서 100점을 받았다 하더라도 다른 과목에서 70점을 받으면 평균 85점밖에 되지 않는다. 우등생이 될 수 없다. 사실 어떤 과목에서든 100점을 받는 건 쉽지 않다. 90점을 받는 것보다 훨씬 더 많이 노력하고 공부해야 100점을 받을 수 있다. 그러나 이렇게 100점까지 받으려 노력하지 말고 모든 과목에서 90점 정도 받으려 하면 평균 90점으로 우등생이 될 수 있다.

대학에 들어갈 때도 마찬가지다. 어떤 분야에 소질이 있어서 정말 잘한다 하더라도, 좋은 대학에 들어가기 위해서는 못하는 과목이 없어야 한다. 그 대학에서 요구하는 과목들을 모두 다 잘해야 한다.

어느 한 과목이라도 기준을 맞추지 못하면 떨어진다. 어느 한 과목을 아주 잘하는 것보다는 못하는 과목 없이 전체적으로 평균 이상 점수를 받는 것이 중요하다.

대학에 들어가서도 마찬가지다. 좋은 학점을 받기 위해서는 A^+를 많이 받는 것도 중요하지만, 그것보다 더 중요한 것은 C 학점을 받지 않는 것이다. 아무리 다른 과목들에서 A^+를 받더라도 한 과목에서 C가 나오면 전체 학점이 확 떨어진다. 차라리 잘하는 과목에서 A^0만 받고 못하는 과목이라 해도 B 이상 나오도록 하는 것이 더 낫다. 학교에서 성공하는 데에는 어떤 과목을 특출나게 잘하는 게 도움이 되지 않는다. 못하는 과목이 없어야 한다. 전체적으로 못하는 과목 없이 모든 과목을 어느 만큼 알아야 한다.

즉 학교에서는 팔방미인을 만드는 것이 목적이다. 어떤 한 분야의 전문가를 만든다기보다는 교양인을 만드는 데 중점을 둔다. 대학에서는 자기 전공 분야가 정해지지만, 전공 분야가 있다고 해서 정말로 자기가 좋아하고 관심이 있는 세부 전공만 공부해서는 안 된다. 자기 전공 분야의 다양한 측면들을 모두 잘해야 한다. 예를 들어 사학과를 보자. 역사를 전공으로 한다고 해서 이 한 가지만 공부하는 건 아니다. 한국사, 중국사, 서양사, 일본사, 동남아 역사 등을 모두 다 해야 한다. 단순히 역사만이 아니라 문화, 사회 제도, 경제 제도 등을 모두 배워야 한다. 자기가 정말 관심이 있는 중국 근세사만 공부할 수는 없다. 자기가 정말 잘하고 관심이 있는 중국 근세사만 파고들면 바로 낙제생이 된다.

학생들은 10여 년을 학교에서 지내면서 이렇게 모든 것을 다 잘해야 한다는 분위기에서 살아왔다. 그래서 회사에 들어가기 위해서 준비하면서도 어느 한 가지에 특기가 있다기보다는 여러 가지에 관심을 품고 다양하게 활동하고 있다는 것을 드러내려 한다. 영어 한 가지만 잘하는 것보다는 영어도 어느 정도 하고 중국어도 좀 하고 일본어도 좀 하는 것을 더 낫다고 여긴다. 학점도 잘 받고 봉사 활동도 많이 하고 취미 활동도 많이 하는 등 스펙이 넓은 사람이 더 환영받는 것으로 생각한다.

물론 학교에서는 이렇게 여러 가지를 다양하게 잘하는 것에 더 가치를 둔다. 하지만 사회에서 중요한 것은 어느 한 가지라도 특별하게 잘하는 것이다. 여러 가지를 조금씩 어느 만큼 하는 것은 경쟁력이 없다. 어느 한 가지를 굉장히 잘하는 사람이 경쟁력이 있다. 사회에서, 그리고 회사에서 요구하는 사람은 교양인이 아니다. 전문가다. 먹고살기 위해서는 아마추어가 아니라 프로가 되어야 한다. 그리고 프로는 어느 한 분야에서 다른 사람들보다 특출나게 잘하는 사람이다. 전문가와 프로는 자기 분야에서 특출난 실력을 지닌 사람이다. 사회에서 필요로 하는 사람은 이런 사람들이다.

회사에서 계속 살아남기 위해서, 그리고 사회에서 성공하기 위해서는 다른 사람들보다 확실히 잘하는 자기 분야가 있어야 한다. 그 한 가지 분야에서만 다른 사람들보다 더 잘하면 된다. 나머지 분야는 어떻게 되든 상관없다. 다른 분야에서는 모두 40점 정도의 실력밖에 갖추고 있지 않더라도 자기 분야에서는 100점의 실력을 갖추어야 한다. 자기 분야에서 100점, 다른 분야에서 40점 실력을 갖춘 사람이 모든 부문에서 90점 정도의 실력을 갖춘 사람보다 더 인정을 받는다. 학교에서는 평균 90점을 받는 사람이 더 훌륭한 학생이었다. 하지만 사회에서는 한 분야 100점 다른 분야 40점을 받는 사람이 더 나은 사람이다.

물론 자기 분야에서는 100점, 다른 분야에서도 90점 정도의 실력을 갖추면 그게 제일 좋다. 그런데 사회에서 이런 수준으로 다양한 분야에 실력을 갖춘 사람은 별로 없다. 이런 정도의 실력을 갖추기 위해서는 많은 시간과 노력이 필요하다. 사회에서 계속 노력해서 10년 이상 지나야 두 분야에서 100점과 90점 정도의 실력을 갖출 수 있다.

20~30대 나이에 사회에서 100점과 90점 정도의 실력을 갖추는 것은 불가능하다. 20~30대는 최소한 한 분야에서라도 100점의 실력을 갖추기 위해서 노력할 때다. 일단 자기 분야에서 100점의 실력을 달성하여 진정한 전문가가 된 다음에, 다른 분야에서 90점 정도의 실력을 갖추려고 노력하는 게 순서다. 그러지 않고 지금 다양한 분야에서 90점을 받기 위해 노력하면 안 된다. 전문가로 인정받지도 못하고 중간에 사라지게 된다.

혹자는 요즘 회사들이 스펙을 중요하게 여기는 것을 보고, 회사도 어느 한 가지만 잘하는 사람보다는 여러 가지를 잘하는 사람을 선호한다고 주장할 수 있다. 좋은 스펙을 가지기 위해서는 학점만 잘 받으면 되는 게 아니다. 영어 점수도 어느 정도 받아야 한다. 봉사 활동도 해야 하고 해외 경험도 있어야 한다. 좋은 스펙을 갖추려면 어느 한 가지만 잘해서는 되지 않는다. 여러 가지를 조금씩 조금씩 갖추어야 좋은 스펙이 된다.

그러나 정말 다양한 스펙을 쌓는 것이 경쟁력이 있을까? 정말로 경쟁력이 있으려면 어느 한 가지를 뛰어나게 잘해야 한다. 그런데 회사에서 볼 때 그렇게 어느 한 분야에 뛰어난 사람이 별로 없다. 토익 900점을 받은 학생이 있다고 하자. 그럼 학생 본인은 영어를 어느 만큼 하는 것으로 생각한다. 그럼 토익 900점을 받은 학생이 정말로 영어를 잘하는가? 외국인과 영어로 아무 어려움 없이 유리한 협상을 이끌어갈 수 있을까? 회사가 보기에 이 학생은 토익 900점 성적표를 제출하긴 했지만 특별한 경쟁력은 없다. 그래서 토익 900점 외에 다른 것이 있는지 차선책으로 스펙을 보게 된다. 지금 당장 외국인과 협상할 정도의 외국어 실력을 갖추고 있다면 다른 것은 보지 않고 이 학생을 뽑을 것이다.

회계를 특별히 잘해서 20대 중반에 세무사 자격증을 가지고 있는 학생이 있다고 하자. 그러면 세무법인에서는 이 학생을 세무사 자격증 하나만 보고 뽑는다. 이 학생이 영어를 하나도 못해서 토익 점수가 300점이더라도, 봉사 활동 경험이 하나도 없고 외국에 나간 적이 없더라도 신경 쓰지 않는다. 회사에서는 다른 모든 스펙들보다 세무사 자격증 하나가 훨씬 더 중요하기 때문이다. 그전에는 세무사 자격증을 가진 지원자가 없어서 할 수 없이 다른 여러 스펙을 보고 사람을 뽑았을 뿐이다.

그러므로 사회에서는 다른 사람들과 차별화되는 자신만의 특기를 계속 계발해나가는 것이 중요하다. 학교에 다닐 때는 자신이 못하는 과목을 보완하는 노력이 필요했다. 하지만 사회에서는 못하는 것을 보충하기보다는 자신이 가장 잘하는 것 한 가지를 계속 계발해나가는 일이 더 긴요하다. 이 한 가지에서 다른 사람들보다 훨씬 더 우수한 경쟁력을 갖추었을 때, 그 경쟁력은 유지하면서 자신에게 모자라는 부문을 보완해나가는 것이 순서다.

학교는 상대평가 vs 직장은 절대평가

학교에서는 학생의 성적이 중요하다. 학교가 학생을 평가하는 기준도 성적이고, 학생들도 더 높은 성적을 받기 위해 노력한다. 대학에서 학생을 선발할 때도 성적을 본다. 그런데 학교에서 중요시하는 성적은 점수 그 자체가 아니라 등수다. 이 학생이 90점이 넘었나 안 넘었나가 중요한 것이 아니다. 이 학생이 1등인가 10등인가가 중요하다. 즉 학교에서는 점수 그 자체보다 등수를 더 중요하게 본다. 즉 학교에서의 평가 기준은 상대평가다. 누가 더 잘했고 누가 더 못했는지가 중요하지 실력 그 자체는 큰 의미가 없다.

100점 만점의 시험을 봐서 90점을 넘게 받으려면 굉장히 공부를 열심히 해야 한다. 사회에 나와서 자격증 시험을 볼 때, 100점 만점에 90점 이상을 받는 것은 정말 어렵다. 토익 시험의 만점은 990점이고, 이 중에서 90퍼센트를 맞추면 대략 900점 정도 된다. 그러면 영어를 굉장히 잘하는 사람으로 인정받는다.

경쟁률이 높고 어렵다는 공무원 시험도 평균 90점이 넘으면 합격할 가능성이 높다. 공인회계사 시험, 공인중개사 시험, 변리사 시험, 사법고시 등도 평균 90점이 넘으면 합격한다. 사실 평균 90점 이상이면 굉장히 잘하는 것이다.

그런데 학생의 세계에서는 평균 90점이냐 아니냐가 그리 중요하지 않다. 다른 친구들이 몇 점 받았는가가 중요하다. 다른 사람들이 모두 95점을 받았는데 나만 90점을 받았으면 이건 절대 잘한 게 아니다. 아무도 나를 공부 잘한다고 인정해주지 않는다. 따라서 좋은 대학에 들어가기 힘들다.

또 어떨 때는 70점을 받아도 특별히 문제가 되지 않는다. 내가 비록 70점이더라도 다른 학생들이 모두 60점이면 나는 1등이다. 70점밖에 받지 못했지만 가장 우수한 학생이 된다. 우등생이 되고 모범생으로 인정받으며, 사람들이 공부 잘하는 학생으로 인정해준다. 다른 학교 학생들도 모두 60점밖에 못 받았으면 70점으로도 명문 대학에 들어갈 수 있다. 학생 때는 실력이 정확히 어느 정도 수준이라는 점이 그렇게 중요하지 않다. 주위 다른 사람들보다 점수가 더 좋은가 나쁜가만이 중요하다. 95점을 받아도 주위 사람들이 그것보다 더 잘 봤으면 내 점수는 소용없다. 내가 60점을 받아도 주위 사람들이 그것보다 더 못 봤으면 상관없다. 학생을 평가하는 기준이 상대평가이기 때문이다.

교육부에서는 절대평가를 도입하기 위해 점수가 아니라 등급화를 하게 하고, 등수를 적지 못하게 하고 있지만 그래도 학교와 학생들은 어떻게든 그 안에서 등수화한다. 한국에서 학교는 본질적으로 상대평가를 하는 곳이다. 이렇게 학생의 평가 기준이 상대평가이다 보니 학생들은 서로를 굉장히 의식한다. 누가 더 공부를 열심히 하고, 누가 더 성적이 좋은지에 대해 매우 민감해진다. 자신의 절대적인 실력을 높이는 데 집중하기보다는 등수를 높이기 위해 노력한다. 주변 사람들이 모두 공부하면 나도 공부해야 한다. 그리고 주변 사람들이 모두 놀면 나도 놀아도 된다. 모두 같이 놀면 실력은 떨어지더라도 등수는 떨어지지 않는다. 주위 사람들이 어떻게 하는가가 주된 관심사가 된다. 이것은 상대평가일 때 나타나는 현상이다.

그런데 사회에 들어가면 달라진다. 사회에서는 상대평가가 아니라 절대평가다. 물론 사회에서도 상대평가가 어느 정도 작용하긴 한다. 여러 사람이 같이 모여 있으니, 사람들 사이에서 누가 더 유능한가 하는 상대평가가 이루어지기는 한다. 하지만 사회에서 더욱 중요한 것은 절대평가다. 그 사람의 실력과 업무 능력, 업적이 절대적 수준에 도달해 있는가가 정말로 의미가 있다.

대학에서 신입생을 뽑는다고 하자. A는 60점, B는 50점, C는 40점이다. 이때 대학의 모집 인원이 2명이라면 A와 B가 합격한다. 점수가 60점, 50점밖에 되지 않지만 그래도 합격한다. 특목고 같은 고등학교도 마찬가지다. 이 학생들이 정말로 실력이 있는지 없는지는 중요하지 않다. 실력이 없더라도 지원자 중 1등과 2등이 합격한다.

아무리 명문대라고 하더라도 지원자들이 눈치작전을 하느라 경쟁률이 1:1이 안 되면 지원자 모두가 합격한다. 학교는 지원자 중에서 그냥 성적순으로 뽑을 뿐이다. 성적 좋은 사람이 없다고 해서 신입생을 안 뽑지는 않는다.

하지만 이런 경우, 회사에서는 아무도 뽑지 않는다. 아무리 내부에서 사람이 필요하고 모집 공고를 내며 채용에 신경을 썼다 하더라도 60점 정도의 실력자만 지원하면 뽑지 않는다. 일정 수준 이상이 되지 않으면 업무를 할 수가 없다는 것을 알기 때문이다. 지원자 중에서 1등을 했어도 업무를 수행할 능력이 안 된다고 생각되면 뽑지 않는다. 회사에서는 절대적으로 실력이 있느냐가 중요하지, 지원자 중에서 1등인지 2등인지는 중요하지 않다.

반대로 학교에서 3명을 모집하는데 평균 99점이 넘는 우수한 학생들이 5명이나 지원했다고 하자. 그래도 이 학교는 3명만 뽑는다. 5명이 모두 99점으로 동점이면 어떻게든 이들 사이에 차이를 만든다. 수학 점수가 더 높은 사람, 나이가 더 어린 사람 순으로 순위 차이를 발생시킨다. 그러고서는 처음 모집 인원인 3명만 뽑는다. 나머지 2명은 평균 99점이라는 놀라운 점수를 받았지만, 입학 전형에서 떨어져야만 한다.

그러나 이런 경우, 회사에서는 5명을 다 뽑는다. 원래 모집 인원이 3명이었다 해도 지원자들이 다 마음에 들고 우수하다면 모집 인원을 넘겨서라도 뽑는다. 그래서 회사의 채용 공고를 보면 모집 인원이 3명, 5명, 125명 등으로 정확히 표시되지 않는다. 0명, 00명, 000

명 하는 식으로 모호하게 표시한다. 아무리 회사에서 사람이 필요해도 지원자 중에서 적합자가 없다고 판단하면 뽑지 않는다. 또 적합한 사람이 많으면 모두 뽑는다. 경력직이라면 자리가 정해져 있기에 지금 당장 더 뽑지는 못하더라도 다음에 자리가 나면 그 사람에게 다시 연락한다. 회사에서는 절대적 기준을 넘어서면 그 사람과 같이 일하고 싶어 한다.

하지만 학교에는 입학 정원이 있다. 이 입학 정원은 학교가 마음대로 정하는 것이 아니다. 교육부와 협의해서 몇 명을 뽑을 것인가를 미리 정한다. 학교는 이 입학 정원보다 더 뽑을 수 없다. 그리고 학교 입장에서는 지원자가 있는데 이 지원자가 실력이 낮다고 해서 뽑지 않을 이유가 없다. 학교의 과제는 입학 정원을 채우는 것이다. 실력이 없더라도 일단 뽑는다. 회사에서는 사람을 절대적으로 평가하는데 학교에서는 학생을 상대적으로 평가하는 건 이렇게 정원이 고정되어 있기 때문에 나타나는 현상이기도 하다.

회사에 들어가서 생활할 때도 마찬가지다. 학교에서는 시험문제가 어려워 시험을 망쳤어도 다른 학생들이 모두 같이 망치면 별문제 없다. 그런데 회사에서는 그렇지 않다. 내가 담당하는 공장이 작년에 10억 적자를 보았다고 하자. 그런데 작년에는 경기가 굉장히 안 좋아서 다른 모든 공장이 적자를 보았다. 다른 공장들은 20억, 30억 적자인데, 내가 담당하는 공장은 10억 적자밖에 안 된다. 그러면 다른 사람들이 나를 우수한 경영자라고 칭찬할까? 회사에서 승진을 시켜주고 보너스를 줄까? 그렇지 않다. 아무리 1등을 했다 하더라도 10억의 적자를 냈으면 책임을 지고 자리에서 물러나야 한다. 만약 자기 사업이었다면 부도를 맞는다. 경제가 워낙 안 좋아서 모두가 적자고, 공장 경영자 중에서는 그래도 자기 실적이 1등이라고 항변해봐야 달라질 건 없다. 그런데 학교에서는 이럴 때 1등 상장을 받는다. 하지만 사회에서는 그냥 해고되거나 부도가 난다. 회사에서는 적자냐 흑자냐가 중요하지 1등이냐 5등이냐는 중요하지 않다. 실적이 나쁘면 모두 해고하고 새로운 사람으로 대체하지, 끝에서 1~2등만 해고하지는 않는다.

반대로 자기가 담당하는 부서가 흑자를 내고 있으면, 아무리 다른 부서들보다 실적이 낮다 하더라도 해고되지 않는다. 다른 부서들은 모두 20억이 넘게 흑자를 내는데 자기 부서는 10억의 흑자만 낸다고 하자. 학교에서라면 이럴 때 꼴찌가 되고 어떤 대학에도 들어가지 못한다. 물론 회사에서도 특별히 칭찬을 받거나 승진 대상이 되기는 힘들 것이다. 하지만 절대 꼴찌라고 해서 질책을 받고 해고 대상이 되지는 않는다. 아무리 꼴찌라도 흑자를 내는 이상 큰 문제가 되지는 않는다. 사회에서는 절대평가다. 실력이 절대적 수준에 도달하면 되지 다른 사람보다 더 잘하느냐 못하느냐가 그렇게까지 중요하지는 않다. 다른 사람들과 자신의 실력을 계속 비교하는 건 학생 때나 의미 있는 사고방식이다.

직장을 가지면 성공이다 vs
직장을 가지면 그때부터 시작이다

학생 때는 누구나 다 목표가 있다. 단순히 앞으로 커서 무엇이 되고 싶다는 차원이 아니라 '몇 년 후 무엇을 하겠다'는 목표가 있다. 초등학교에 다닐 때는 특별히 목표가 없다. 단순히 앞으로 크면 무얼 하고 싶다는 희망이 있을 뿐이다. 그런데 중학교에 들어가면서 구체적인 목표를 갖기 시작한다. 어느 고등학교에 들어가겠다는 목표를 세우고 그에 따라 공부를 열심히 하기도 한다. 이 목표는 '앞으로 해야지', '언젠가 해야지'와 같이 막연한 게 아니다. 중학교 1학년이면 앞으로 2년 후에 고등학교 시험을 봐야 한다. 중학교 2학년이면 앞으로 1년 남았다. 구체적으로 시간이 정해져 있다. 이럴 때 사람은 열심히 하게 된다. 언제까지 무엇을 해야 한다는 구체적인 지침이 있을 때 사람은 열심히 움직이기 마련이다. 그래서 특목고에 들어가려고 노력하는 중학생들은 굉장히 열심히 한다.

중학교 때는 특목고에 들어가려는 학생도 있고 그럴 생각이 없는 학생도 있다. 하지만 고등학교에 들어가면 상황이 달라진다. 누구나 다 대학을 생각한다. 고등학교를 졸업할 때 대학에 들어가야 한다. 시간 한계와 목표가 분명하게 정해진다. 고등학생들은 열심히 공부한다. 물론 열심히 공부하지 않고 대충 다니는 학생들도 많기는 하다. 하지만 아무리 공부를 하지 않는다고 해도 일반 사회인보다는 많이 하는 편이다. 일단 하루에 6시간 넘게 자리에 앉아 있다. 한 귀로 듣고 한 귀로 흘리더라도 어쨌든 선생님 말소리가 귀에 들려오기는 한다. 아무리 공부에 손을 놓았다 해도 중간고사, 기말고사 때는 책 한 번은 읽으려고 한다. 고등학생 기준으로는 정말로 공부를 하지 않는 학생도 사회에 나오면 이만큼 공부하는 것이 드문 정도다. 자신은 공부하지 않는다고 생각하겠지만, 학교를 아예 다니지 않는 것에 비교하면 굉장히 많이 배우는 시간을 보내고 있다.

그러다 대학에 들어오면 취직을 생각한다. 대학을 졸업하면 취업을 해야 한다. 1학년, 2학년 때는 취업을 생각하지 않고 지내는 학생들도 있다. 하지만 졸업 때가 다가오면 누구든 취업에 대해서 생각한다. 취업하지 않고 자기 사업을 생각하는 사람도 있고, 부모님의 사업을 돕겠다는 학생들도 있다. 하지만 어쨌든 대학을 졸업하고 나서 무엇을 할 것인가를 생각한다는 점에서는 공통적이다.

대학을 다니는 시간은 학생마다 다르다. 조기 졸업을 하는 학생도 있고, 휴학을 거듭해서 몇 년 늦게 졸업하는 학생도 있다. 하지만 자기 자신은 언제 대학을 졸업할지를 알고 있다. 그때 사회에 진출해야 하고 일을 시작해야 하는 것도 알고 있다. 이것을 계속 의식하면서 무언가를 준비한다. 토익 학원도 다니고, 봉사 활동도 하고 스펙을 쌓기 위해 자기계발을 한다. 다른 사람들보다 더 열심히 하느냐, 많이 하느냐 등의 차이는 있지만, 대학생들은 누구나 무언가를 준비하면서 시간을 보낸다. 언제까지 무얼 해야 한다는 것을 계속 의식하고 또 무언가를 계속하면서 대학생활을 보낸다.

그리고 대학을 졸업하고 회사에 들어간다. 자기가 원하는 회사에 들어가면 자신의 인생은 성공한 것처럼 보인다. 그동안 대학까지 다니느라 힘들었던 인생이 비로소 열매를 맺은 것 같다.

사실 중학교는 고등학교를 들어가기 위해서 다니는 곳이다. 고등학교는 대학교에 들어가기 위해서 다녔다. 인문계 고등학교의 원래 목적은 대학에 들어갈 사람을 기르는 것이 아닌가? 대학에 들어가지 않을 거면 인문계 고등학교에 들어갈 필요조차 없다. 고등학교는 대학에 들어가는 것이 목적이었다. 또한, 대학을 다니는 목적은 회사에 들어가기 위해서였다. 회사에서 대학을 졸업해야 받아준다고 하니까 대학에 들어갔다. 대학에서는 순수한 학문을 배우기 위해서 어쩌고저쩌고 한다. 하지만 대학에 들어가기 전에 자신이 순수한 학문을 하겠다고 생각하는 사람은 드물다. 부모님이 들어가라고 하고 사회 분위기가 대학에 들어가야 하는 쪽으로 흘러서 대학에 들어왔다. 대학에 들어가야 나중에 좋은 데 취직할 수 있다고 해서 들어온 것이다. 그래서 대학을 졸업해서 원하는 회사에 들어갔다. 자,

이제 그동안의 인생은 성공한 것으로 평가할 수 있다. 이제는 모든 것이 마무리되었다. 초등학생 때는 잘 기억나지 않지만, 중학교 때부터 지금까지 10년 넘게 지내온 학교생활이 성공적으로 마무리되었다. 학생으로서의 고생스러운 여정이 모두 끝났다.

이런 생각이 자연스러워 보이긴 하지만 과연 바람직할까? 그렇지 않다. 취업은 인생의 목표 달성과는 거리가 멀다. 그러면 회사에 들어간 다음부터는 무엇을 해야 할까? 중학교 때는 고등학교에 들어가야 한다는 목표가 있었다. 고등학교 때는 대학에 가야 한다는 목표가 있었다. 그리고 대학 때는 취업을 해야 한다는 목표가 있었다. 그리고 이제 회사에 들어왔다. 지금부터의 목표는 무엇일까?

사회에서는 직장을 얻은 다음부터 내가 무엇을 해야 하는지 말해 주지 않는다. 그래서 회사에 들어가면 이제 모든 것이 다 마무리가 된 것처럼 생각이 든다. 성공적으로 목적지에 도착한 것으로 보인다. 물론 이것이 인생의 최종 목적지가 아니고, 모든 문제가 해결되지 않았다는 사실은 잘 안다. 40대 중반이나 50대가 넘어서 힘들어지는 사람이 많다는 것을 여러 매체를 통해 많이 봐왔다. 하지만 그런 건 지금 당장 자신과는 관계없다. 20대 중반에서 30대 초반의 나이에 그런 문제들은 앞으로 20년 후의 이야기다. 회사에 갓 입사한 신입사원들에게는 전혀 이해할 수 없고 공감이 안 되는 일이다.

그래서 직장인이 되면 아무것도 하지 않는다. 아무것도 안 하고 그냥 시간을 보낸다. 그리고 사회인들의 모든 문제가 여기에서부터 시작된다. 물론 지금 직장을 다니는 사람들은 직장인이 되어서 아무 것도 하지 않는다는 말을 들으면 절대 공감하지 못할 것이다. 직장인들은 바쁘다. 학생들보다 훨씬 더 바쁘다. 상사가 계속 일을 던져준다. 일을 배우느라 정신이 없고, 새로운 사람들을 만나고 익숙해지는 데도 시간이 걸린다. 좀 익숙해졌다 하면 새로운 일이 주어진다. 지금 당장 해야 할 일, 일주일 후까지 해야 할 일, 한 달 내에 끝내야 할 일들이 계속 있다.

그러나 이렇게 바쁜 나날을 보내기는 하지만, 장기적인 시간 계획은 주어지지 않는다. 지금 당장 할 일들, 한 달 사이에 할 일들은 분명히 있다. 하지만 앞으로 몇 년 이내에 무얼 해야 한다는 장기적 목표는 사라졌다. 지금 하루하루가 바쁘기는 하지만, 이 바쁜 하루들이 모여서 장기적으로 어떤 결과를 만들어내야 하는가에 대한 의식이 없다. 언제까지 무얼 해야 한다는 것도 없다.

이런 식으로 장기적인 결과를 생각하지 않고 계속 하루하루 주어진 일들만 하고 살면 어떻게 될까? 그건 고등학교 때와 대학교 때 주위 사람들이 어땠나를 보면 된다. 고등학교 때 어떤 대학에 가겠다고 하고 공부한 학생이 있을 것이고, 대학에는 전혀 관심 없이 그냥 학교에 와서 앉아만 있다가 가는 학생이 있었을 것이다. 대학에 아무런 관심 없는 학생도 아무것도 하지 않은 것은 아니다. 수업 시간에 앉아 있었고 시험도 치렀다. 학원도 다녔다. 하지만 대학에 들어갈 때 이 학생들 간의 실력 차이는 상당히 컸다. 들어가는 대학 수준의 차이도 작지 않았다.

마찬가지로 대학 때 취업 준비를 계속한 사람과 아무 생각 없이 대학을 다닌 사람의 차이도 매우 크다. 같은 수업을 듣고, 졸업 학점을 따기는 하지만, 졸업할 때 영어 실력, 스펙 등에서 큰 차이가 발생한다. 물론 이런 영어 실력, 스펙 등이 정말로 중요한 것은 아니다. 하지만 이 둘 사이에 차이가 나는 것만은 누가 봐도 분명하다.

직장에서도 마찬가지다. 학교와 직장에서만이 아니라, 사람의 삶 전체가 다 그렇다. 장기적인 계획을 가지고 행동하느냐, 그런 장기적 계획 없이 하루하루를 그냥 보내느냐는 나중에 정말 엄청난 차이로 다가온다. 학생 때는 이런 장기적 계획이 주어진다. 대학에 가야 한다는 사회 통념, 취업해야 한다는 압박이 학생들에게 이런 장기적 계획을 세우도록 한다.

하지만 직장에 들어가면 달라진다. 이런 장기적 계획과 달성 시간이 부여되지 않는다. 사회에서는 이런 장기적 계획과 일정을 자기 스스로 정해야 한다. 학교에 다닐 때는 학교가 앞으로 무얼 해야 하는지를 정해주었다. 하지만 사회에서는 앞으로 내가 무얼 어떻게 해야 할 것인가를 스스로 정해야 한다. 대학을 졸업하고 직장을 가지면 끝나는 게 아니다. 지금까지는 자신이 해야 할 일을 타인에게 부여받았다면, 앞으로는 자기 스스로 할 일을 정하고 만들어 나가야 한다. 직장을 갖게 되면 그때부터 정말 자신만의 인생이 펼쳐진다.

똑같이 특목고를 나오고 명문대를 나온 사람이라 해도 사회에 나온 지 몇 년 만에 위치가 확 달라지는 일이 있다. 바로 이 때문이다. 아무리 명문대를 나와서 좋은 회사에 들어갔다 해도 그냥 목적 없이 하루하루의 업무를 처리하다 보면, 그저 그런 대학을 나와서 몇 년 동안 장기적 계획을 가지고 움직인 사람을 당해내지 못한다. 몇 년이라는 장기적 계획이 주는 성과를 무시하면 안 된다. 명문대 입학생과 그저 그런 대학에서 4년 동안 취업을 준비한 졸업 예정자 중에서 누가 더 회사에 적합한 인재일까? 입학생끼리만 따지면 명문대 입학생이 더 나을 것이다. 하지만 4년 넘게 취업을 준비한 그저 그런 대학 졸업 예정자가 명문대 입학생보다 회사에 훨씬 더 적합한 인재임은 자명한 사실이다.

좋은 회사에 들어가서 그냥 하루하루 지내는 명문대 졸업생이 지금 당장은 더 좋아 보일 수 있다. 하지만 4년 후면 다르다. 회사에 들어온 이후 계속 준비하고 계획한 비명문대 졸업생이 훨씬 더 우수한 인재가 될 수 있다.

회사에 취직한다고 해서 그것으로 끝이 아니다. 학생의 사고방식은 취업하면 끝이다. 학생 때의 목적을 다 이루었기 때문이다. 하지만 사회의 사고방식으로는 이제 스스로 자기 계획을 세우고 준비를 하는 출발점에 선 것이다. 학생일 때는 자신이 해야 할 일을 밖에서 정해주었지만, 사회에 나왔다면 자기 스스로 해야 할 일을 만들고 준비해야 하는 시작점에 선 셈이다. 직장인이 되는 순간부터 정말 자기 인생이 시작된다. 사회생활을 하면서는 그것을 의식해야만 한다. 사회에서 사람들 사이에 차이가 나는 것은 바로 이 때문이다.

3장

인간관계에 대한 초짜 미생들의 7가지 오해

나이는 중요하다 vs
나이는 중요하지 않다

한국인은 8세면 초등학교에 입학해 1학년이 된다. 그리고 나이가 들어갈수록 학년이 올라간다. 초등학교 6년을 마치고 14세가 되면 중학교에 들어간다. 그리고 중학교 3년을 다니면 고등학교에 입학한다. 고등학교 1학년은 모두 17세다. 고등학교 3년을 마치고 졸업할 때는 모두 20세가 된다. 그러니까 초등학생 때부터 고등학교를 졸업할 때까지 모두 나이가 같은 사람들하고만 지낸다. 친구들은 모두 나이가 같고, 나이대가 다른 사람들을 만날 일은 거의 없고 친하게 지내는 것도 생각하기 어렵다.

 예외가 있기는 하다. 1월이나 2월생들은 학교에 일찍 들어가기도 한다. 그래서 우리 나이로 한 살 차이가 나는 친구도 있다. 하지만 만으로 생일을 따지면 어차피 1년 이상 차이가 나지 않는다. 기본적으로 같은 나이대의 사람들만 만나고 친구가 된다.

물론 부모님, 형제자매, 선생님, 친척, 선후배들과 같이 나이대가 다른 사람들을 만나기도 한다. 하지만 이렇게 나이대가 다른 사람들을 동등한 입장에서 만나지는 않는다. 자기보다 나이가 많은 사람은 윗사람이고, 나이가 적은 사람들은 아랫사람이다. 자기와 동등하게 지내는 사람들은 모두 나이가 같은 사람들이다.

이것은 대학에 들어가서도 마찬가지다. 대학 때도 기본적으로 같은 나이의 사람들만 만난다. 재수하면 한 살 어린 사람들이 동기가 될 수도 있다. 삼수하면 두 살 어린 학생들과 같이 지낼 수도 있다. 하지만 그래 봐야 한두 살 차이다. 이렇게 초등학생 때부터 대학교를 다닐 때까지 자신의 동료는 모두 같은 나이다. 특별한 사정이 있어서 나이 차이가 난다고 해도 한두 살 차이다. 16년 학교생활을 이렇게 지낸다. 그래서 학생들은 나이를 중요하게 생각한다.

학생 때의 나이는 단순히 그 사람이 몇 살인가를 나타내는 숫자가 아니다. 그 사람이 나보다 윗사람이냐 아랫사람이냐를 가르는 기준이 된다. 자기보다 한 살 더 많은 사람은 형, 누나이거나 선배다. 친척이라면 형, 누나, 언니, 오빠가 된다. 학교에서 만나는 나이 많은 사람은 선배다. 자기보다 나이가 적은 친인척은 동생이 되고 나이가 적은 학교 동문은 후배가 된다. 단지 한두 살 차이인데 형과 동생, 선배와 후배로 갈린다. 이럴 때 한두 살 차이는 매우 크다. 한두 살로 누가 위고 아래인가가 결정되기 때문이다.

이렇게 학생 때 나이가 중요하다 보니 한두 살 차이에 굉장히 민감해진다. 대학에 1년 늦게 들어가면 자신의 1년 후배와 동기가 된다. 대학을 2년 늦게 들어가면 2년 후배, 2년 동생과 동기가 된다. 이건 엄청나다. 그래서 자기 나이대보다 1~2년 늦는 것을 치명적인 일로 여긴다.

대학을 졸업해서도 마찬가지다. 취업이 2~3년 정도 늦어지면 굉장히 뒤처진다고 생각한다. 다른 사람들은 20대 중반에 취업하는데 20대 후반이 되어도 취업을 하지 못하면 매우 뒤처진 것으로 받아들인다. 그리고 20대 후반이 되어서 뭔가 새로운 일을 시작하는 것은 한참 늦어 보인다. 다른 동기들은 20대 중반에 무언가를 시작했는데 자기는 20대 후반이 되어 새로운 길을 찾는다고 하면 3~4년이나 늦어지는 꼴이 된다. 그러면 자기 인생이 뒤처지고 문제가 있는 것처럼 느껴진다.

그러나 사회에서는 나이가 중요하지 않다. 나이가 중요한 것은 학생 때만이다. 초등학교 때부터 대학 졸업 때까지 자기 나이대의 사람들하고만 지내왔기 때문에 나이에 민감해진 것뿐이다. 사회에서는 나이가 중요하지 않다. 사회에서는 무언가 새로운 일을 시작하려고 할 때 나이는 문제가 되지 않는다. 사람들하고 같이 지내는 데도 나이가 중요하지 않다. 무엇보다 직장생활을 하거나 사회생활을 할 때는 자신과 동갑인 사람들을 만나는 것 자체가 쉽지 않다.

직원이 몇만 명이나 되는 대기업에서 일한다 해도 함께 있는 팀 동료는 10명 내외다. 이들이 아침부터 저녁까지 같이 지내는 사람들이다. 이 10명의 사람 중에 신입사원부터 과장, 부장들이 다 있다.

이제 갓 대학을 졸업한 사람부터 정년이 가까운 사람까지 있다는 뜻이다. 나이대는 20대 중반부터 50대 중반까지 다양하다. 가장 나이가 어린 사람부터 나이가 많은 사람까지 30년 차이가 난다. 같이 일하는 팀이 10명이라고 하면 평균적으로 세 살 차이다. 자기보다 나이가 많은 사람은 보통 세 살 정도 나이가 많고, 자기보다 나이가 적은 사람은 평균적으로 세 살 어리다. 그런데 이렇게 나이 차이가 있는 사람들이 모두 자기 상사인가 하면 그렇지도 않다. 같은 대리고 과장이다. 동등하게 일하는 사람이지 자기 윗사람이 아니다.

직장에서 이 사람이 자기 윗사람이라고 분명히 판단할 정도가 되기 위해서는 열 살 정도 차이가 나야 한다. 자기보다 열 살 더 많으면 윗사람이라고 할 수 있다. 열 살 넘게 어린 사람이라면 아랫사람으로 볼 수도 있다. 하지만 다섯 살 정도 차이라면 그냥 같이 일하는 동료이지 윗사람 아랫사람은 아닌 경우가 많다. 다섯 살 정도 차이라면 지금은 대리와 과장으로 차이가 있다 하더라도, 나중에 같이 과장이 될 수도 있다. 나이가 더 지나면 과장은 계속 과장이지만 대리는 부장으로 더 빨리 진급할 수도 있다. 사회에서 다섯 살 정도 차이는 정말 아무것도 아니다. 그냥 동기로 봐도 무방할 정도다.

또 사회에서는 상대방의 나이를 모르는 경우도 많다. 학생 때는 서로 만나서 고등학교 2학년, 대학교 2학년 하는 식으로 자신을 소개한다. 그러면 그 사람이 몇 살인지가 바로 파악된다. 고등학교 2학년이면 18세고, 대학교 2학년이면 21세, 재수했으면 22세다. 그런데 사회에서는 그런 식으로 상대방의 나이를 파악하는 게 불가능하다.

다른 사람에게 자신을 소개할 때는 "○○회사 과장입니다"나 "○○회사 차장입니다"는 식으로 이야기하는데, 그런 말로는 나이를 파악할 수 없다. 외모를 보면서 대략의 나이를 알 수 있다. 30대인지, 40대인지, 50대인지 정도는 구분할 수 있다. 열 살 정도의 오차를 가지고 상대의 나이를 짐작하는 정도다. 하지만 다섯 살 이내의 차이로 상대방의 나이를 정확히 파악하는 것은 힘들다.

직장에서, 그리고 사회에서 다섯 살 정도의 차이는 아무것도 아니다. 다섯 살 정도의 차이는 사람들이 구분하지도 못하고, 또 직장에서 거의 동기로 지내는 사이다. 직장 외의 사회생활에서 만난다고 해도 그냥 친구로 지낼 수 있을 정도다. 그러므로 사회생활에서 5년 정도 늦는 것은 별일이 아니다. 사회에서 5년 정도의 차이는 정말 아무 의미도 없다.

학생 때는 2년, 3년 선배를 굉장히 나이 많고 높은 사람으로 생각한다. 고등학교 1학년들은 고등학교 3학년이 하늘 같다. 대학교 1학년 때는 3학년이나 4학년 선배들을 굉장히 나이 많은 사람으로 생각한다. 하지만 사회에 나오면 이런 정도 나이 차는 의미가 없다.

이렇게 보면 이제 20대 후반에 자신이 이미 나이가 들어서 새로운 일을 시작하기 어렵다고 생각하는 것은 웃기는 일이다. 자기 친구들은 이미 직장을 가지고 있는데, 20대 후반이나 30대 초반인 자신이 아직 직장이 없어 뒤처졌다고 생각하는 것 역시 학생의 사고방식이 그대로 이어진 발상이다. 학생들은 20대 후반이나 30대 초반의 나이가 늦었다고 생각할 수 있지만, 사회인들은 그 나이가 늦었다고 생각하지 않는다. 20대 후반이나 30대 초반이면 지금부터 새로운 길을 찾아가도 충분히 괜찮은 나이다. 그 나이에 새로운 일을 시작하면 지금 함께 일을 배우는 사람들보다는 5년 정도 더 늦을 수 있다. 하지만 이 5년은 앞으로 10년 안에 얼마든지 따라잡을 수 있는 시간이다. 나이 40이 넘어 되돌아보면 20대 중반에 업계에 들어왔는지, 30대 초반에 그 업계에 들어왔는지가 큰 의미가 없다. 그 정도 차이는 사회에서 보기에는 차이도 아니다. 이 사회에는 나이 40이 넘어 새로운 일을 시작하는 사람들도 많다. 사회에서는 나이로 그 사람의 가치를 판단하지 않는다.

선후배 관계는 영원하다 vs
선후배 관계는 뒤집힐 수 있다

학생 때는 나이로 사람을 판단한다. 나이에 의해서 형·동생이 결정되고, 나이에 의해서 선후배가 결정된다. 즉 나이에 따라 사람들 사이의 인간관계가 결정된다. 그런데 나이에 의해서 인간관계가 결정될 때의 중요한 특징이 있다. 누가 윗사람이고 누가 아랫사람인지 한번 정해지면 상하 관계가 절대로 변하지 않는다는 점이다.

나이가 많은 사람이 형이 되고 나이가 적은 사람이 동생이 된다. 그리고 이 관계는 죽을 때까지 변하지 않는다. 만약 내가 지금 나보다 나이가 더 많은 형이나 누나를 만났다면 나는 동생이 된다. 나중에 내가 나이가 더 들더라도 동생의 위치를 벗어날 길은 없다. 상대방도 함께 나이가 들기 때문이다.

학교 선후배 관계도 마찬가지다. 한번 선후배 관계가 정해지면 이

관계는 죽을 때까지 절대 변할 수 없다. 선배는 윗사람이고 후배는 아랫사람이다. 이 상하 관계는 내가 노력한다고 해서 변할 수 있는 게 아니다. 지금은 아랫사람이지만 더 열심히 노력하면 윗사람이 되리라 생각조차 할 수 없다. 한번 결정된 상하 관계는 영원하다. 그래서 '하늘 같은 선배님'이라는 말이 나오는 것이다.

어려서부터 대학을 졸업할 때까지 학생들이 경험하는 인간관계는 딱 두 가지다. 나이가 같은 동기들 간의 평등한 관계, 아니면 나이가 다른 선후배, 친인척들과의 상하 관계다. 그리고 이 관계는 변하지 않는다. 한번 윗사람이나 아랫사람으로 규정되면 그 관계는 어떻게 해도 변할 수 없는 관계다.

대학을 졸업하기 전에 학생들이 겪는 사회생활로는 군대가 있다. 그런데 군대 내에서도 상하 관계는 변하지 않는다. 군대에서는 언제 들어왔는가로 계급이 결정된다. 같은 계급이라 하더라도 누가 더 군대에 빨리 들어왔느냐로 선임과 후임이 결정된다. 그리고 우리나라 군대에서 계급은 군대에 들어온 기간에 따라 결정된다. 처음 군대에 들어가면 이병이고, 4개월이 지나면 일병이 된다. 또 6개월이 지나면 상병이 되고, 다시 7개월이 지나면 병장이 된다. 병장으로 4개월 있으면 제대를 한다. 내가 군대에서 열심히 한다고 해서 선임병보다 더 빨리 진급할 수 있는 것이 아니다. 한 달 선임보다 더 일을 잘한다고 해서 동기가 되는 일은 절대로 없다. 아무리 선임이 일을 잘 못하고 아래에 있는 내가 그것을 도맡더라도 마찬가지다. 선임이 고참이고 나는 아랫사람이다. 내가 아무리 열심히 군대 업무를 하고 공을 세운다 하더라도 다른 군인들과의 상하 관계는 변하지 않는다. 한번 고참은 영원한 고참이다. 물론 직업 군인의 세계는 이렇게 입대 일자에 따라 모든 계급이 결정되지 않는다. 하지만 병역 의무를 수행하는 학생들에게 군대에서의 상하 관계는 절대로 변할 수 없는 고정된 것이다.

이렇게 학생 때까지는 한번 선배는 영원한 선배, 한번 고참은 영원한 고참의 세계에서 살아간다. 사람들 사이의 상하 관계는 한번 결정되면 절대 뒤집을 수 없다. 그러므로 선배는 1년 선배라 하더라도 절대적인 윗사람이 되는 것이고, 군대에서도 한 달 선임은 절대적인 선임이 된다. 그래서 학생들 사이에서는 선배가 후배를 괴롭힐 수 있다. 형은 동생을 괴롭힐 수 있다. 군대에서 고참은 자기 후임들을 괴롭힐 수 있다. 그리고 아랫사람은 윗사람의 부조리한 괴롭힘을 그대로 당할 수밖에 없게 된다. 어떻게 하더라도 이 상하 관계가 유지될 수밖에 없기에 이 상하 관계를 그대로 수용할 수밖에 없다. 부조리한 인간관계를 계속 참는 것밖에는 방법이 없다.

하지만 사회에서는 그렇지 않다. 사회에서는 상하 관계가 결코 고정적이지 않다. 오히려 유동적이다. 내가 지금은 아랫사람이지만, 수년 내로 내가 윗사람이 될 수 있다. 내가 지금은 윗사람이라 하더라도 앞으로 아랫사람으로 변할 수도 있다.

무엇보다 직장에서는 나이에 따라 사람들 사이의 서열이 정해지지 않는다. 언제 회사에 들어왔느냐로 계급을 나누지도 않는다. 회사에서의 상하 관계는 기본적으로 직급에 따라서 결정된다. 부장이냐, 차장이냐, 과장이냐, 대리냐에 따라 상하 관계가 정해진다. 그리고 누가 대리가 되느냐 누가 과장이 되느냐는, 누가 먼저 입사했느냐 누가 먼저 대리를 달았느냐 등을 따르지 않는다. 대리 중에서 업무 실적이 좋은 사람이 과장이 된다. 차장 중에서 더 일을 잘하는 사람이 부장이 된다. 그리고 부장 중에서 회사에 기여를 더 많이 하는 사람이 이사가 된다.

이렇게 업무 실적에 따라 승진 여부가 갈리다 보니 상하 관계가 뒤집히는 경우도 많다. 내가 신입사원으로 회사에 들어왔을 때 대리이던 선배가 있다고 하자. 내가 업무 실적이 좋아 계속 빨리 승진하면 비슷한 시기에 과장을 달 수 있다. 과장일 때 내 업무 실적이 선배보다 더 나으면 내가 차장을 더 빨리 달 수 있다. 처음에는 내가 사원, 선배가 대리였지만, 10년 후에는 내가 차장, 선배가 과장일 수 있다.

이런 일은 꼭 같은 회사에서만 일어나는 일이 아니다. 예를 들어 과거 어느 회사 같은 부서에서 A가 대리고 B가 그 직속 상사인 과장이었다고 하자. 그런데 A가 다른 회사로 옮기고, 그 회사에서 실적을 쌓은 후 다시 원래 있던 회사로 스카우트되는 일이 일어났다. 이때 A는 이사 직급으로 원래 있던 회사에 돌아왔는데 B는 아직 부장이다. 이전에는 B가 상사였는데, 이제는 A가 상사가 된다. 사회에서는 이런 일이 비일비재하게 일어난다.

이렇게 상하 관계가 변할 수 있다는 사실을 인식하면 아랫사람을 함부로 대할 수 없다. 아랫사람을 함부로 하대하고, 맘대로 부리고,

마음에 안 든다고 욕하고 할 수 없다. 만약에 아랫사람을 부조리하게 대한다면, 나중에 상하 관계가 역전이 될 때 엄청난 보복을 당할 수 있다. 대놓고 보복하지는 않더라도, 둘 사이의 관계가 매우 껄끄럽게 된다.

그래서 사회생활에서는 인간관계가 완전히 상하복종적으로 이루어지지 않는다. 언제 그 관계가 바뀔지 모른다. 지금은 별것 없어 보이는 후배 직원이라 하더라도 나중에 이 후배가 나의 상사가 될 수도 있다. 내가 회사를 그만둔 후에 지금 후배에게 아쉬운 소리를 해야 할 수도 있다. 형이 동생을 괴롭히듯이, 군대에서 고참이 후임을 괴롭히듯이 행동했다가는 나중에 어떤 일을 당하게 될지 모른다.

그런데 사회생활에서는 상하 관계가 이렇게 뒤집어질 수 있다는 것을 인식하지 못하고 선배로서의 권위를 강조하고, 자기 부하 직원들을 내키는 대로 대하는 사람들이 있다. 이 사람들은 자신이 선배이기 때문에 혹은 상사이기 때문에 그래도 된다고 생각한다. 자기가 학생 때는 그리고 군대에 있을 때는 그렇게 마음대로 하더라도 아무런 문제가 없었다.

하지만 후배나 아랫사람을 괴롭혀도 된다고 생각하는 것은 학생의 사고방식이다. 사회생활에서는 후배나 아랫사람을 맘대로 대해서는 안 된다. 학생 때는 사람들 사이의 상하 관계가 절대 변하지 않으니 후배를 괴롭힌다 해도 큰 문제가 없었을 수 있다. 하지만 사회에서는 아랫사람이라 해서 마음대로 대한다면 나중에 보복을 당할 수 있다. 사회에서는 아랫사람이 항상 아랫사람인 것이 아니다. 나중에 자신의 동료가 될 수도 있고, 윗사람이 될 수도 있다. 그렇기에 사회에서는 아랫사람도 존중하고 인정해주어야 한다. 그것이 제대로 된 사회인의 사고방식이다.

그런데 우리 사회에는 들어온 시기에 따라서 상하 관계가 결정되고, 업적과 관계없이 시간에 따라 승진 여부가 결정되는 조직도 있다. 규모가 크고 관료적인 성격이 강한 곳에서 그런 일이 일어난다. 우리나라 검사 조직은 사법시험에 언제 붙었는가, 사법연수원 몇 기인가가 중요하다. 사법연수원 기수에 따라 서열 관계가 정리되고, 그 이후로는 어떻게 해도 상하 관계가 뒤집어질 수 없다. 대기업 중에는 공채 몇 기로 들어왔는가에 따라 서열 관계가 고정되는 회사도 있다. 이런 조직에서 근무한다면 학생의 사고방식을 유지하더라도 괜찮을 것이다. 사실 부하 직원들을 부당하게 괴롭히는 회사들은 보통 이렇게 상하 관계가 고정적인 회사들이다. 하지만 업무 실적을 기반으로 하는 제대로 된 회사에 다닌다면, 학생의 사고방식을 유지하는 게 나중에 큰 문제로 이어질 수 있다.

자기 또래와의 인간관계가 중요하다 vs
나이 차이가 나는 사람과의 인간관계가 중요하다

학교에서 같이 지내는 사람은 기본적으로 모두 자기 또래다. 초·중·고등학교 때까지 모두 동갑내기들과 함께 지낸다. 대학에 들어와서도 동기는 거의 다 자기와 동갑이다. 재수나 삼수를 했다면 한두 살 차이가 나기도 한다. 하지만 재수를 했다고 해서 형과 누나가 되지는 않는다. 한두 살 차이지만 동기로 만났으면 그냥 동기처럼 지낸다. 이렇게 학생 때는 자기 동갑이나 또래와 친구가 되고 같이 지낸다. 그래서 동갑과 어떻게 친구가 되고 어떻게 지내야 하는지 잘 알고 있다.

학생 때도 나이 차이가 나는 사람과 함께 어울릴 때가 있다. 고등학교에서 선후배 간에 서로 친해지기도 하고, 특히 대학에서는 선후배와의 관계가 중요하다. 대학을 다니다가 군대에 갔다 온 복학생들은 같은 학년과 서너 살 차이가 나기도 한다. 이런 선후배와 친하게 지내는 일이 드물지 않다. 그리고 이들 간에 동갑 동기와는 다른 인간관계가 생기기도 한다.

하지만 이렇게 선후배와 나이 차이가 있다고 해도 많아야 다섯 살 이내다. 학생 때는 이렇게 세 살에서 다섯 살씩 차이가 나는 것을 두고 차이가 크다고 생각할 수 있다. 하지만 사회에서 볼 때 이들은 모두 같은 세대다.

한 세대라고 하면 30년 정도 되는 기간을 뜻한다. 하지만 통상적으로 세대를 구분할 때는 보통 10년 단위로 끊는다. 10대, 20대, 30대 등으로 구분하는 것이 가장 일반적이다. 즉 우리는 10년 이상 되면 의미 있는 나이 차이라고 느낀다. 학생들은 세 살에서 다섯 살 정도면 나이 차가 꽤 있는 것으로 받아들이지만, 사회에서 이 정도 나이 차이는 그냥 같은 또래로 취급한다. 이들 간에는 문화도 비슷하고 사고방식도 비슷하다. 서로 큰 문제 없이 대화가 된다. 서로 이해하려고 크게 노력하지 않고, 억지로 맞춰주려고 하지 않더라도 상대의 처지를 이해하고 대화도 자연스럽게 이루어지는 관계다. 학생 때 이루어지는 인간관계는 보통 이렇게 동기들 간의 관계, 아니면 몇 년 차이 나는 선후배와의 관계다. 그리고 이들 간에 어떻게 잘 지낼 것인가가 관심의 대상이 된다.

하지만 사회에 나오면 달라진다. 열 살 이상 차이 나는 사람, 스무 살 이상 차이 나는 사람과 같은 사무실에서 지내고 함께 일한다. 같이 밥을 먹어야 하고 출장도 함께 다녀야 한다. 10대, 20대 학생 때는 이렇게 나이 많은 사람들과 같이 지낸 적이 없었다. 그런데 사회에 나오면 이런 사람들과 같이 어울려야만 한다.

학생 때도 열 살이나 심지어 스무 살 이상 나이 차이가 있는 사람들과 같이 있기도 했다. 집에서는 부모님이 나보다 스무 살 이상 많았다. 친척 어른들도 나보다 스무 살 이상 나이가 많았다. 학교 선생님이나 학원 강사도 나보다 나이가 훨씬 많았고, 대학에서 교수는 나보다 최소한 열 살 이상 나이가 많았다. 그런데 이들은 모두 나보다 윗사람들이었다. 나에게 명령을 하고 이래라저래라 하는 사람들이었다. 그리고 나는 그 사람들의 말에 따라야 했다. 즉 열 살 이상 차이가 나는 사람들은 나와 같은 급의 사람들이 아니었다. 부모님을 제외하고는 같이 친하게 어울리는 사이도 아니었다. 모두 모셔야 하는 사람들이었다.

이렇게 가족과 친척, 선생님, 대학 때 교수들을 제외하고는 열 살 이상 차이 나는 사람을 만날 일은 거의 없다. 이런 사람들과 대화를 해본 적도 거의 없고, 어쩌다 대화를 해도 대화가 잘 되지 않는다. 일단 서로 문화가 크게 다르다. 좋아하는 가수도, 노래도 다 다르다.

그런데 선후배와 이야기할 때는 동방신기, 슈퍼주니어, 엑소를 함께 이야기할 수 있다. 내가 좋아하지는 않아도 알기는 하기 때문이다. 나는 슈퍼주니어가 좋은데 상대방은 엑소를 좋아한다고 하니 서로 대화가 잘 안 된다고 하면서도 이야기를 이어나갈 수 있다. 하지만 열 살 이상 차이가 나면 이런 식의 이야기 자체가 안 된다. 나는 엑소를 좋아한다고 하는데 상대방은 HOT를 좋아했다고 말한다. 그런데 나는 HOT를 들어본 적은 있지만, 얼굴도 이름도 모른다. 히트곡도 잘 모른다. 〈응답하라 1997〉에서 보았던 옛날 사람일 뿐이다. 나이 차이가 더 나면 조용필을 이야기한다. 노래방에 가면 조용필 노래를 부른다. 이렇게 되면 가수, 노래만이 아니라 다른 주제에 대해서도 대화가 안 된다. 공감대가 거의 없다. 특히 중고등학생 때는 이런 옛날이야기를 하는 사람들은 거의 상대도 하지 않는다. 자기들과는 완전히 다른 사람들이다. 2~3년 차이 나는 선배들은 그래도 케케묵은 이야기를 한다고 놀려댈 수도 있지만, 20년 전 이야기를 하는 사람들은 놀려댈 수조차 없다. 그냥 구닥다리라고 생각하고 상대하지 않는 게 상책이었다.

그런데 회사에 들어가면 바로 이런 사람들과 같은 사무실에 앉아서 일한다. 이 사람들이 과장, 부장, 이사라는 타이틀을 가지고 내 상사가 된다. 내가 담당해야 하는 거래처 사람이 이렇게 나이가 많기도 하다. 학생 때는 이렇게 나이 많은 사람들과 같은 자리에 앉아 본 적도 거의 없다. 친척 어른들을 제외하고는 같이 밥을 먹은 적도 없다. 그런데 회사에서는 이런 사람들과 종일 같이 지내야 한다. 그리고 하루에도 몇 번씩 서로 대화해야 한다. 업무 이야기가 주된 화제이긴 하지만 같이 점심을 하면서는 일 이외에 이런저런 담소를 나누기도 한다. 회식 때는 아주 개인적인 대화를 나눌 때도 있다. 회사는 이렇다. 그동안 같은 나이 또래들하고만 지내던 때에서 벗어나 나이 많은 사람들과 같이 지내고 어울려야 하는 곳이다.

학생 때는 이렇게 나이 많은 사람들과 어울릴 기회도 없었고, 설사 어울릴 기회가 있다 하더라도 무시했었다. 학생들 사회에서 아저씨, 아줌마라는 말은 좋은 이미지가 아니다. 그런데 회사에서 같이 일하는 사람들이 바로 이런 아저씨, 아줌마들이다. 그동안 한 번도 같이 지내지 않은 사람들이고, 그래서 이런 사람들과 어떻게 인간관계를 가져야 하는지를 잘 모른다. 학생 때 하던 것처럼 이 사람들을 무조건 피할 수도 없다. 학생 때는 이 사람들이 나와 아무 상관이 없었다. 하지만 회사에서는 이 사람들이 나의 상사들이다. 과장이고 부장이다. 내가 과장, 부장을 좋아하지 않는 것은 큰 문제가 아니다. 하지만 과장, 부장이 나를 싫어하는 것은 큰 문제가 된다. 이런 사람들과도 인간관계를 잘 만들어야 한다.

그런데 학생들은 이렇게 나이 많은 사람들과 인간관계를 만드는 법을 잘 모른다. 학교를 졸업하고 사회에 진출한 사람들이 가장 먼저 스트레스를 받는 부분은 새롭게 배우는 업무일 수 있지만, 이렇게 새롭게 만들어가야 하는 인간관계일 때가 많다. 그런데 이건 그럴 수밖에 없다. 같은 또래와 맺는 인간관계는 그동안 계속해왔지만, 나이 차이가 큰 사람들과 형성하는 인간관계는 이제 처음이다. 처음으로 이렇게 낯선 인간관계를 만들려고 하니 적응하기 힘들고 어렵다.

신입사원들 중에 어떤 사람들은 상사에게 절대복종한다. "예, 알겠습니다"라고만 말한다. 학교에서 선생님과 교수님에게 하듯이 자기 과장님을 대한다. 선생님은 자기를 가르치는 사람이다. 그 앞에서 "예"라고 하는 것이 옳고 그래야 상대도 좋아한다. 그런데 과장은 자기를 가르치는 사람이 아니라 같이 일해야 하는 파트너다. 같이 일하는 사람이 무조건 "예"라고만 하면 곤란하다. 과장이 틀린 것이 있으면 부하 직원이 고쳐줘야 한다. 자기 업무를 보좌할 사람이 필요한 것이지, 무조건 "예"라고 하는 사람이 필요한 건 아니다.

어떤 사람들은 상사를 피하기만 한다. 싫어하는 선생님을 피하고, 싫어하는 선배를 피하듯이 상사도 피하는 것이다. 학생 때는 싫은 사람을 피할 수 있었다. 선생님은 아무리 오래 만난다고 해도 1~2년이다. 대학교수가 싫으면 그 교수 수업을 안 들으면 된다. 선배가 싫으면 연락이 와도 안 받으면 된다. 그런데 회사에서는 같은 사무실에서 같이 지내야 한다. 그리고 내 업무를 평가하는 사람이 상사다. 상사가 불편하다고 피하기만 하면 그 부정적인 결과는 바로 나에게 되돌아온다. 상사가 부하 직원을 싫어해서 부하 직원이 회사를 그만두는 경우는 무수히 많다. 하지만 부하 직원이 상사를 싫어해서 상사가 회사를 그만두는 경우는 거의 없다. 상사와 부하 직원 간에 사이가 안 좋으면 무조건 부하 직원이 손해다.

그리고 자신이 나이가 들어서 40~50대가 되면 입장이 달라진다. 이때는 20~30대와 같이 지내야 한다. 그동안은 자기 또래나 나이 많은 사람들과 같이 지내왔다. 그런데 이제는 자기보다 열 살, 스무 살 어린 사람들과 함께 일해야 한다. 이렇게 어린 사람들과 지낼 일은 자기 자식이나 조카들을 빼면 없었다. 하지만 이제 이렇게 어린 사람들과 같이 일해야 한다. 자기 자식 대하듯이 함부로 대했다가는 부하 직원들에게 비난의 대상이 된다.

학생 때는 자기 동갑들과 같이 지낸다. 나이 차이가 난다고 해도 서너 살 정도 위아래 사람들과 어울렸다. 학생 때는 이렇게 같은 나이 대 사람들과 어떻게 대화하고 어떻게 지내야 하는지를 자연스럽게 익힌다. 하지만 사회에 진출해서는 달라져야 한다. 나이 차이가 많이 나는 사람들과 어떻게 지낼 것인지를 새로 익혀야 한다. 자기 또래들과 소통하는 능력과 나이 차가 많이 나는 사람들과 소통하는 능력은 매우 다르다. 사회에서는 나이 차이가 많은 사람들과 어떤 관계를 만들어내느냐가 아주 중요하다.

학교는 운명이다 vs 회사는 선택이다

여덟 살이면 누구나 초등학교에 들어간다. 그런데 처음 초등학교에 들어갈 때는 어떤 초등학교에 들어갈까? 주로 집에서 가장 가까운 초등학교에 들어간다. 사립 초등학교일 경우에는 집에서 멀 수도 있다. 그런데 사립 초등학교는 추첨으로 입학생을 뽑는다. 그 사립 초등학교에 들어가고 말고는 나의 선택이 아니다. 운명이다. 초등학교 입학생은 내가 사는 지역의 초등학교 아니면 추첨으로 당첨된 학교에 들어가야 한다. 내 의지로 할 수 있는 일이 아니다. 어떤 초등학교에 들어가서 졸업하느냐는 본인의 선택이 아니다. 운명적으로 주위 환경에 의해서 뭔가 보이지 않는 힘에 따라 결정된다.

중학교에 들어가는 것도 마찬가지다. 중학교는 거의 다 추첨으로 들어간다. 자기가 사는 지역에 따라 들어갈 수 있는 중학교들을 선택할 수 있기는 하지만, 자신이 어디에 사는가는 본인이 결정하는 사항이 아니다. 그것은 부모님의 영역이다. 부모의 결정에 따라 사는 곳이 정해지고, 그중에서 어떤 중학교로 들어가는가는 추첨이라는 운명에 의해서 결정된다.

고등학교는 자신의 선택에 따라 시험을 봐서 들어가는 곳도 있다. 과학고나 외고, 자사고 등에 지원해서 들어갈 수 있다. 하지만 이렇게 시험을 봐서 별도로 들어가는 경우는 극소수다. 대부분은 중학교와 마찬가지로 추첨을 통해 들어간다. 내가 다녀야 하는 고등학교 역시 운명적으로 결정되는 것이다.

그리고 선택하고 시험을 봐서 들어간다 해도 내 마음대로 지원할 수 있는 건 아니다. 지원할 수 있는 고등학교의 수가 정해져 있다. 요즘에는 단 한 학교만 지원할 수 있다. 외고, 특목고 등 선호하는 모든 학교에 지원할 수는 없다. 모든 학교 중에 단지 한 학교만 지원할 수 있고 그 학교에 지원했다 불합격하면 일반 추첨으로 들어가야만 한다. 선택의 폭이 거의 없다.

그리고 초등학교, 중학교, 고등학교 때는 한번 입학하면 그 학교에서 졸업까지 하는 경우가 많다. 평생에 하나의 중학교, 고등학교만 다니고 졸업할 수 있다. 전학하면 여러 학교에 다닐 수 있기는 하다. 하지만 중간에 1년 다닌 고등학교와 졸업까지 한 고등학교가 같이 취급되지는 않는다. 어느 중학교를 졸업했는지, 어느 고등학교를 졸업했는지, 자신의 발자취로 남는 학교는 딱 하나다. 동창회에 참석하는 학교는 하나란 뜻이다. 자신이 선택한 학교가 아닌데도 평생 그 학교 졸업자라는 사실이 변하지 않는다. 이런 건 운명적이다.

대학교는 그래도 선택의 폭이 넓다. 하지만 한번 들어가면 졸업 때까지 거의 선택의 폭이 없다는 점에서는 중고등학교 때와 마찬가지다. 그리고 어느 학교를 졸업했는지가 살아가면서 변하지 않는다. 물론 다른 대학에 편입하는 길이 있기는 하다. 하지만 편입을 하는 사람은 굉장히 소수다. 나머지 평범한 경우에는 자신이 다닌 학교를 바꿀 수 없다.

어떤 학교를 나왔는가는 자신의 고향이 어디인가와 비슷하다. 살아가면서 특별히 큰 영향을 미치지는 않지만, 나의 역사가 된다는 점에서 공통점이 있다. 보통은 내 선택으로 이루어지지 않고 설령 내 선택이 개입되었다 하더라도 한번 선택하면 도중에 바꾸기 힘들다는 점도 비슷하다. 요컨대 학교는 고향처럼 운명적이다.

사람들이 이렇게 운명적인 영향을 미치는 일에 대응하는 방법은 두 가지다. 하나는 순수하게 운명을 그대로 받아들이는 것이다. 비판하지 않고 자신의 운명에 순응한다. 자신이 어느 중학교를 나왔는지, 고등학교를 나왔는지 등에 대해 특별히 좋고 나쁜 판단이 없다. 출신 중고교는 항상 자랑스럽고 부끄럼이 없다. 완전히 수용한다. 둘째, 내 선택이 어느 정도 작용하는 것에 대해서는 매우 신중하게 대응한다. 외고에 지원할까 말까, 어느 대학교에 지원할까, 그리고 결혼을 누구하고 할까 등 운명적인 사항에 대해서는 조심스럽기 그지없다. 한번 선택하면 바꾸기 힘들고 평생 계속 갈 수 있기 때문이다. 이럴 때는 굉장히 신중하게 고민하면서 선택을 한다.

학생들은 운명이 이끄는 대로 학교에 다녔다. 왜 학교에 다녀야 하는지에 대해 근본적인 의문이 없었다. 당연한 일로 생각하고 학교에 다녔다. 중학교를 졸업하면서 고등학교에 갈지 말지를 심각하게 고민하는 사람은 거의 없다. 고등학교를 졸업하면서 대학을 갈지 말지를 심각하게 고민하는 사례도 드물다. 보통은 점수가 되면 가는 것이고 안 되면 가지 않는다. 대학에 다니는 것 그 자체에 대해서 고민하지는 않는다. 학교에 가는 것을 운명으로 생각하고 자연스럽게 받아들인다. 그런 생각으로 학교에 다니고 또 졸업한다.

그러나 사회에 나오면서부터는 완전히 달라진다. 어떤 회사를 가느냐는 100퍼센트 자신의 선택이다. 회사를 가느냐 마느냐에서부터 시작해서 어떤 회사를 갈 것인지도 본인 선택이다. 고등학교에 입학할 때는 본인이 선택할 여지가 거의 없다. 대학교에 들어갈 때는 선택할 여지가 좀 있었다. 하지만 그래도 자신의 점수대에서 지원할 수 있는 대학이 대략 정해져 있었다. 한국에 수백 개의 대학이 있다고 하지만, 내가 실질적으로 지원할 수 있는 대학의 숫자는 그 정도까지는 아니다.

하지만 회사는 다르다. 정말 셀 수 없이 많은 회사가 있다. 삼성, 현대가 좋다고 하지만 삼성만 해도 삼성전자, 삼성중공업, 삼성물산, 삼성화재 등 몇십 개의 계열사가 있다. 공무원을 지원한다고 해도 5급 공무원, 7급 공무원, 9급 공무원, 국가 공무원, 서울시 공무원, 경찰, 교사, 군무원 등 수많은 종류가 있다. 이렇게 회사에서부터는 선택의 폭이 엄청나게 넓어진다. 이 중에서 어떤 회사에 지원할 것인가는 완전히 자신의 선택이다.

회사는 운명이 아니라 선택이기에 중간에 그만두고 다른 회사에 다시 들어가는 것이 이상한 일이 아니다. 운명적으로 결정되는 학교는 마음대로 그만두고 다른 학교로 옮기거나 할 수 없었다. 하지만 회사는 운명이 아니라 선택에 불과하다. 마음대로 그만두고 자유롭게 다른 회사에 지원해도 되는 것이다. 자신이 어떤 학교를 다니고 졸업했는지는 숨기기 어렵지만, 어떤 회사에 다니다 그만두었는지는 얼마든지 말하지 않을 수 있다. 본인 스스로 말하지 않으면 누구도 모른다. 어떤 대학교를 졸업했는지를 이력서에 쓰지 않기는 힘들다. 하지만 이전에 어떤 회사를 다녔었는지는 이력서에 쓰지 않아도 된다. 어떤 회사에 다녔었는지 말해야 하는 의무는 어디에도 없다. 회사는 운명적인 것이 아니라 자신의 선택이다. 회사에 다닐지 말지도 자신이 선택하기 나름이고 이전 회사의 경력을 공개할지 말지도 자신의 선택에 달려 있다.

그런데 처음 회사에 지원하는 졸업 예정자들과 사회 초년생들은 회사에 지원해서 다니는 것을 운명처럼 생각한다. 자신이 학교에 들어갔을 때 학교에 완전히 동화되었듯이 회사에 들어가서도 회사에 완전히 동화되어버린다. 자신을 회사의 사람으로 생각하고, 회사의 모든 가치관을 받아들인다. 어떤 학교를 졸업했는지가 평생 지워질 수 없듯이, 어느 회사에 다니는지가 평생 지워질 수 없는 일인 것처럼 행동한다. 어떤 회사에 들어갈지를 정말 심각하게 고민하고 이것이 자신의 운명을 결정짓는 중요한 일인 것처럼 생각한다. 만약 자기가 선택을 잘못한다면 다시는 돌이킬 수 없을까봐 두려워한다.

그러나 회사는 그렇지 않다. 회사는 운명이 아니라 선택이다. 회사가 자신의 마음에 들지 않으면 언제든 그만둬도 된다. 그래도 자신에게 아무런 영향이 없다. 학교를 중간에 그만두면 중퇴자의 명예가 남지만, 회사를 중간에 그만둔다 해도 아무런 문제가 없다. 학교는 자기 마음에 들지 않아도 계속 다녀야 하지만, 회사는 자기 마음에 들지 않으면 그만둬도 된다. 학생 때는 특별한 이유 없이 다른 학교로 옮기는 것이 거의 불가능하지만, 회사는 다른 회사가 맘에 들면 그냥 옮기면 그만이다. 회사는 학교와 다르다. 학교에 다닐 때처럼 운명으로 받아들이거나 회사를 자기 자신과 동일시할 필요는 없다.

학교는 학생을 버리지 않는다. 하지만 회사는 다르다. 나이가 들면 회사는 직원들을 내보낸다. 젊은 직원도 문제가 발생하면 징계하고 해고한다. 회사를 운명으로 생각하면 이럴 때 큰 충격을 받게 된다. 하지만 충격받을 필요는 없다. 자신이 회사를 선택하듯이 회사도 자신을 선택한다. 그리고 이 선택은 중간에 얼마든지 변할 수 있다. 이런 인식을 갖고 회사생활을 해야 한다. 회사를 학교와 같이 운명적으로 생각하고 받아들인다면 나중에 회사를 그만둬야 할 때 그 충격을 이겨내기 힘들다.

학교는 공동체 vs 회사는 계약 관계

　어떤 학교에 들어갈지를 자신이 선택하기 힘들기에 학교는 운명적인 요소가 크다. 하지만 회사는 운명과는 거리가 멀다. 어떤 회사에 들어가고, 어떻게 생활할지는 자신의 선택에 달려 있다. 이렇게 운명적인가 선택적인가에 따라 결정되는 한 가지 속성이 있다. 바로 자신의 집단을 공동체로 인식하느냐 그렇지 않느냐다.

　운명적 요인에 따라 구성된 집단에서는 구성원들이 서로 공동체를 형성하고 있다고 생각하는 경향이 강하다. 내가 속한 집단이 바로 공동체가 된다. 죽어도 같이 죽고 살아도 같이 산다. 서로 기본적인 운명을 공유하고 있다. 대표적인 공동체가 국가나 민족이다. 사람들은 대부분 자기가 태어난 나라와 민족에 대해 자긍심을 가지고 있다. 여러 나라의 특성들을 서로 비교한 다음에 자기 나라가 다른 나라보다 더 우수하다고 생각해서 자기 나라를 좋아하는 것이 아니다. 그냥 자기 나라에 대해 자긍심을 느낀다. 자기 나라에 대해 좋은 정보를 만들어내고 그런 정보에 귀를 기울인다. 대신 자기 나라를 비판하고 욕하는 이야기에 반발하고 잘 받아들이지 않는다.

자신이 태어나고 어려서부터 살아온 지역도 이런 공동체의 하나다. 자기가 태어나 자라온 지역은 자신의 선택에 의한 것이 아니다. 하지만 자신의 고향은 언제나 친숙하고 긍정적인 곳이다. 다른 지역들과 객관적인 비교를 해서 자신의 고향을 좋아하는 것이 아니다. 그냥 좋아한다. 그리고 타지에서 자기 고향 출신을 만나면 반가워하고 좋아한다. 금세 친해지고 계속 만나기도 한다. 같은 공동체 출신이라는 게 가장 중요하기 때문이다. 그 사람의 성격 등은 그다음 문제다.

학교 역시 이런 공동체 중 하나다. 초등학교나 중고등학교는 자신의 선택만으로 들어가는 것이 아니다. 운명적으로 들어간다. 그래서 학교는 공동체다. 사회에서 자신과 같은 고등학교 출신이라는 것만으로 서로 친해지는 경우가 많다. 특히 사회에서 만났는데 고등학교 선후배 사이라는 것이 밝혀지면 선배가 후배에게 금방 말을 놓기도 한다. 사회에서 업무상 만났는데 알고 보니 고등학교 동기라는 것이 밝혀지면 설령 서로 처음 만난 사이라 해도 바로 말을 놓고 지내게 된다.

대학도 마찬가지다. 어떤 대학 출신인가를 중요하게 생각하고 같은 대학 출신이면 동질감을 느낀다. 대학을 졸업한 지 한참 지나도 자기 출신 대학 이야기가 방송에 나오면 반가워한다. 고등학교 선후배만큼 강하지는 않지만, 대학 동문끼리도 동문이라는 이름으로 끈끈한 관계를 이어간다.

학교에서 학생들의 관계는 이런 공동체의 관계이다 보니, 학교의 문제는 바로 나 개인의 문제가 된다. 학교의 이익이 나의 이익이고, 학교에 손해가 되면 나의 손해이기도 하다. 학교의 명예가 올라가면 나의 명예도 올라가는 것이고, 학교의 명예가 실추되면 나의 명예도 실추된다. 학교가 사회에서 욕을 먹으면 내가 욕을 먹는 것이고, 학교가 사회에서 칭찬을 받으면 내가 칭찬을 받는 것처럼 기분이 좋아진다. 나 자신의 이익이 조금 희생되더라도 그것으로 학교의 이익이 늘어난다면 그건 궁극적으로 나에게도 이익이 된다. 그래서 학교에서는 나 자신의 이익을 추구하기보다는 학교의 이익을 더 추구한다. 자 나신보다는 공동체의 이익에 더 민감해진다.

사실 이렇게 나 자신의 이익보다 학교의 이익을 더 추구하는 일은, 학교와 나 둘 간의 관계에서는 잘 드러나지 않는다. 문제는 다른 학생의 이익과 학교의 이익이 상반될 때다. 자기가 아닌 다른 학생이 문제를 일으켰다. 피해 학생들을 위해서는 이 일을 공개해서 문제를 해결하는 편이 낫다. 하지만 그러면 경찰이 찾아오고 학교가 소란스러워진다. 외부에서의 학교에 대한 평가도 달라질 수 있다. 그러면 이 문제를 선생님과 학생들끼리 안에서 잘 처리하는 것이 나을까 아니면 정식으로 대응하는 것이 나을까? 공동체에서는 될 수 있으면 문제를 밖으로 끌고 나가지 않고 안에서 처리하려 한다. 내부 사람들끼리 문제를 해결하고 넘어가기를 원하며 외부 세력이 개입하는 것을 바라지 않는다. 사실 대부분의 학교는 이런 식으로 문제를 내부에서 처리한다. 학교에서 벌어지는 교사와 학생 사이의 폭력, 학생들 사이의 폭력을 정말 있는 그대로 경찰에 신고해 처리했다가는 중고등학교 학생들이 전과자가 되는 비율이 엄청나게 증가할 것이다. 교사들도 학생들도 암묵적으로 외부에 알리지 않는 것을 인정하고 지낸다. 학교는 이런 공동체다.

학생들은 이런 식으로 학교라는 공동체에서 10년을 넘게 지낸다. 학생들은 학교 외에 가정에서 많은 시간을 보내게 되는데 가정도 역시 공동체다. 학생들은 대학교를 졸업할 때까지 계속 공동체 조직에서만 살아왔다. 그리고 이런 상태에서 회사에 들어간다.

학생들은 그동안 공동체 조직에서만 살아왔기에 회사도 공동체일 거라 생각하는 경우가 많다. 그래서 공동체 조직에서 생활하듯이 회사생활도 하려고 한다. 하지만 사회에 나와서 들어간 직장은 공동체 조직과는 거리가 멀다. 회사는 공동체 관계가 아니라 계약 관계다. 회사와 내가 서로 근로 계약을 맺고 계약에 따라 일하고 보수를 주고받는다. 계약 관계에서는 계약 관계에 따라 일하고 처신해야 한다. 회사를 공동체로 생각하고 공동체 관계를 바탕으로 행동하면 나중에 문제가 발생할 수밖에 없다.

회사와 직원 간의 관계가 엄연히 계약에 뿌리를 내리고 있음에도 그것을 공동체 관계인 것처럼 생각하게 되는 이유가 있다. 회사에서 직원들에게 자신들은 공동체라는 것을 강조하기 때문이다. 실제로는 공동체가 아니지만, 직원들에게는 회사와 직원이 공동체라고 교육한다. 대기업에서 신입사원 연수를 할 때는 회사 공동체라는 개념을 강조하고 교육한다. 우리는 모두 한가족이라는 것을 계속 주입한다. 대기업이 아니라 중소기업에서도 우리는 한가족이라고 말한다. 가족과 같은 공동체라는 점을 강조하려 한다.

회사가 이렇게 직원들에게 공동체를 내세우는 이유는 단순하다. 직원들이 회사를 공동체라고 생각할 때 일하기가 편리해지기 때문이다. 계약 관계일 때는 직원들의 일방적인 희생을 바랄 수 없다. 아무리 '회사를 위해서', '회사가 필요해서'라는 이유로 잔업을 요구하더라도 계약 관계에서는 자기 업무만 하면 그만이다. 이때 잔업을 더 시키기 위해서는 수당을 별도로 지급해야 한다. 미국과 유럽에서는 회사와 직원이 완전한 계약 관계다. 야근하면 그에 따라 수당을 지급해야 한다. 주말에 근무를 시키면 안 된다. 휴가도 정해진 그대로 줘야 한다. 이걸 어기면 계약 위반으로 바로 문제가 된다. 유럽에서 직원들은 회사를 위한다는 명목으로 자신에게 보장된 이익을 포기하지 않는다. 그렇다고 이 직원들이 불성실하다고 욕할 수 없다. 계약 관계는 원래 그런 것이다. 원래 계약한 대로 서로에게 줄 건 주고 받을 건 받는 관계다.

하지만 공동체에서는 직원들의 희생을 요구할 수 있다. 회사가 어려우니 원래 계약하지 않은 사항이지만 일을 더 해달라고 말할 수 있다. 수당을 지급하지 않으면서 잔업을 요구할 수도 있고, 주말에도 일하라고 부탁할 수 있다. 그래서 한국에서는 밤늦게까지 일하거나 주말에도 일하면서 휴가조차 제대로 가지 못하는 직장인들이 태반이다. 한국의 노동시간이 OECD 국가 중 최고인 것은 이런 공동체 의식과도 관련이 있다.

회사와 직원 간의 관계가 정말 공동체 관계라면 직원들은 이런 희생들을 모두 감수해도 된다. 하지만 문제는 회사와 직원 간의 관계가 본질적으로는 계약 관계라는 점이다. 공동체 관계는 회사가 어려우면 직원이 희생하고, 직원이 어려우면 회사가 희생할 때 성립된다. 가정과 학교에서는 그렇다. 내가 아무리 문제가 있어도 가족은 나를 내치지 않는다. 학교에서 내가 아무리 공부를 못하고 문제아로 지낸다 해도, 어쨌든 최대한 문제를 덮고 졸업을 시키려고 한다. 학생이 문제를 일으킬 때마다 학칙대로 처리하면 많은 수가 퇴학을 당하고 정학을 당한다. 하지만 실제로는 그렇지 않다. 학교에서는 최대한으로 학생을 보호하려 한다.

하지만 회사에서는 끝까지 직원을 보호하지 않는다. 학교에서는 학생이 공부를 못해도 어떻게든 졸업을 시킨다. 하지만 회사에서는 직원이 성과를 내지 못할 때 직원을 계속 안고 가려고 하지 않는다. 직원이 회사의 이익에 더는 공헌하지 못하고 부담이 될 때, 회사는 언제든 직원과의 관계를 끊어버린다. 회사와 직원이 정말 공동체라면 이렇게 성과가 안 좋다고 끊어버리지 않는다. 계약 관계이기 때문에 가능하다.

그런데 직원들은 이럴 때 회사에 대해 충격을 받는다. 배신감을 느끼고 반발심을 갖는다. 회사에 이용당하기만 했다고 자괴감에 빠진다. 하지만 이건 자신이 회사에 대해 공동체 의식을 가지고 있었기에 일어난 일이다. 회사와 자신과의 관계는 단순한 계약 관계일 뿐인데, 공동체 관계인 것으로 착각했기 때문이다. 회사에 다니면서도 자신들은 공동체라는 학생의 사고방식을 계속 유지해온 게 문제였던 것이다. 회사는 학교와 달리 계약 관계일 뿐이라는 걸 인식하고 있어야 한다.

내면이 중요하다 vs
외모와 첫인상이 중요하다

학생 때는 외모보다 내면이 중요하다. 어떤 성격을 가지고 있는가, 주변 사람들을 잘 대하고 신경을 써주는가 여부는 학교생활에 많은 영향을 미친다. 물론 학생 때도 외모가 중요하다고 생각한다. 예쁜 여학생들, 잘생긴 남학생들은 인기가 좋다. 외모에 따라 친구로 삼을지 말지가 결정되기도 한다. 하지만 친구들이 많고 학교생활을 재미있게 보내느냐가 외모에 따라 결정되지는 않는다. 학교에서는 성적이 중요한데, 외모에 따라 성적이 결정되는 것도 아니다. 공부를 잘하는 것, 시험을 잘 보는 것, 등수가 높은 것과 외모는 별 상관이 없다. 물론 외모도 좋으면서 공부를 잘하는 학생들도 있다. 하지만 외모가 좋다고 해서 성적이 잘 나오는 것은 아니다. 학교에서 가장 중요한 평가 기준인 성적과 등수는 외모와 아무런 연관성이 없다.

학생들도 외모가 중요하다고 생각은 하지만, 사실 외모보다는 성격을 더 중요시한다. 외모가 좋지만 성격이 나쁜 학생과 외모는 별로지만 성격이 좋은 학생들을 비교하면, 성격이 좋은 학생들이 학교생활을 훨씬 더 잘한다. 공부나 성적과 관계없이 친구들과 잘 사귀며 학교에서 재미있게 지낼 수 있다. 무엇보다 학생 때는 좋으나 싫으나 같은 반 학생들과 같은 공간에서 1년의 시간을 보내야 한다. 신학기가 시작되면서 서로 처음 만날 때는 외모가 같은 반 학생들의 판단에 영향을 미칠 수 있다. 하지만 한 번 두 번 만나고 매일매일 얼굴을 맞대게 되면 외모는 더는 중요하지 않게 된다. 매일 보는 얼굴은 예쁜 건지 못생긴 건지조차 잘 판단이 되지 않는다. 이렇게 얼굴이 익숙해지면서부터는 성격이 중요한 판단 기준이 된다. 같은 반 학생들과 계속 같이 생활하다 보면 서로의 성격을 잘 알게 된다. 그리고 성격이 좋은 사람은 결국 친구들에게 인정을 받는다. 학생 때도 처음 만날 때는 외모가 중요할 수 있다. 하지만 시간이 지나면서 외모보다는 성격이 더 중요하게 된다. 성격이 어떤가가 반 아이들과 어떻게 생활하느냐를 결정짓는 핵심 요인이 된다.

대학생이 되어서도 마찬가지다. 대학생도 같은 과 동기들과 같이 수업을 듣는다. 신입생 환영회, MT, 개강 파티 등의 행사에서 계속 얼굴을 대한다. 때로는 함께 수업을 듣다가 팀을 짜서 발표를 같이 하기도 한다. 이렇게 계속 대하다 보면 서로의 성격을 알게 되고 진면목을 발견할 수 있다. 그렇게 서로 얼굴을 계속 대하다 보면 어떤 계기가 작용해 서로 친구가 되기도 하고 서로 인정해주는 사이가 되기도 한다. 외모보다는 성격 등 내면적인 요소가 대학생활에서 성공하는 데 더 중요하다.

학교생활을 잘하기 위해서는 내면이 중요하다. 하지만 사회에서는 그렇지 않다. 내면보다는 외모가 훨씬 더 중요한 요소가 된다. 학생 때도 외모가 중요하다고 생각하기는 한다. 하지만 사회에서 외모가 중요한 것은 학생 때 외모가 중요한 것보다 훨씬 그 정도가 크다. 학생 때는 외모가 중요하다고 하더라도 외모가 최우선적이지는 않았다. 외모가 좋으면 괜찮지만, 외모가 부족하다고 해서 학교에 들어갈 수 없었던 것은 아니다. 학교에서는 성적으로 신입생을 뽑는다. 외모가 안 좋다고 해도 성적이 좋으면 명문 대학에 들어갈 수 있다. 외모보다는 성적이 더 중요했다. 학교생활을 하는 것도 마찬가지다. 외모가 중요하다고 하지만 외모가 별로라고 해서 친구가 없거나 잘못 지내거나 하지는 않는다. 외모가 중요하기는 하지만 성적이나 성격 등 다른 것들을 모두 지배할 정도로 중요한 건 아니었다.

하지만 사회에서는 달라진다. 외모가 훨씬 더 중요해진다. 남녀 간에 미팅이나 소개팅을 할 때도 외모가 중요하기는 하다. 하지만 직장에 들어가기 위해서, 그리고 직장생활을 잘 해나가기 위해서 외모는 필요하다. 이때는 외모가 다른 요소들을 지배한다. 학생 때는 외모보다는 실력이 더 중요했다. 하지만 사회에서는 아니다. 실력보다 외모가 더 중요한 경우가 많다. 성격보다 외모가 더 중요할 수 있다. 물론 외모만 좋다고 해서 성공하는 것은 아니다. 그러나 외모에 큰 문제가 있으면 성공에 큰 걸림돌이 될 수 있다. 학생 때는 외모가 안 좋다고 해서 성적이 떨어지는 경우는 없다. 하지만 직장생활을 하면서는 외모가 안 좋으면 실적도 떨어지게 된다. 그래서 학생 때보다 사회에서 외모가 더욱 중요하다.

사회에서 외모와 첫인상이 학생 때보다 훨씬 더 중요해지는 이유는 사회에서는 외모와 첫인상이 안 좋으면 그다음에 만날 기회 자체가 주어지지 않기 때문이다. 학생 때는 외모가 떨어지고 첫인상이 안 좋은 학생도 같은 반 또는 같은 과 동기다. 마음에 안 들어도 어쩔 수 없이 계속 봐야 한다. 이렇게 계속 만나다 보면 상대방의 내면을 알게 되고 상대방을 좋아하게 될 수 있다. 하지만 사회에서는 다르다. 첫인상이 안 좋으면 다음 기회가 없다. 다음에 다시 만나야 자기 내면의 좋은 점을 보여줄 수 있다. 하지만 사회에서는 '첫인상이 안 좋은데 그래도 몇 번 더 만나보자' 하는 것은 없다. 처음 만나서 첫인상이 안 좋으면 그대로 끝이다. 취업하기 위해서 면접에 들어갔는데, '첫인상이 안 좋지만, 다음에 다시 한 번 더 만나보자'고 생각하는 면접관은 없다. 첫인상이 안 좋으면 바로 탈락이다. 다음에 면접할 기회 자체를 주지 않는다.

회사에서 업무 파트너를 만날 때도 마찬가지다. 처음 만나서 첫인상이 좋지 않으면 다음 미팅은 없다. 처음 만나서 첫인상이 좋지 않은 거래 상대방과는 계약하지 않는다. 계속 만나야 내면이 좋고 성격이 좋다는 것을 표현할 수 있는데, 사회에서는 그런 기회 자체가 잘 주어지지 않는다. 외모와 첫인상이 안 좋으면 실적 자체를 쌓기가 어려워진다. 계약을 달성하기가 어렵고, 상담이 실적으로 이어지지가 않는다. 사회에서는 외모가 안 좋고 첫인상이 안 좋으면 성공의 다음 단계로 나아가기가 거의 불가능하다.

물론 사회에서 잘되기 위해서 외모만 좋으면 된다는 뜻은 결코 아니다. 외모가 좋다고 하더라도 실력이 없으면 안 된다. 외모는 되지만 실력이 떨어진다면 오래 버티지 못하고 뒤로 물러서게 된다. 그런데 외모는 되지만 실력이 없는 경우에는 어쨌든 출발선에는 설 수 있다. 거래 상대방과 계약은 할 수 있다. 면접시험에 통과해서 회사에 들어갈 수는 있다. 실력이 없으면 계약을 한 다음에 그 계약을 제대로 이행하지 못해서 어려움을 겪게 된다. 면접시험에 통과해서 회사에 들어가지만, 업무를 잘 못하게 된다. 하지만 외모는 좋고 실력이 없는 경우에는 계약을 따기는 한다. 면접시험을 통과할 수는 있다. 그다음의 업무를 잘하지 못해서 한계에 부딪히겠지만, 출발선에는 설 수 있다.

그런데 아무리 실력이 좋다 하더라도 외모가 안 좋은 경우에는 계약 자체를 딸 수가 없다. 면접시험을 통과할 수가 없다. 계약을 따기만 하면 일을 굉장히 잘할 수 있다. 면접에서 통과하기만 하면 능력이 있다는 것을 충분히 보여줄 수 있다. 하지만 계약 자체가 되지 않는다. 면접에서 통과되지 않는다. 이러면 아무리 실력이 좋아도 그 실력을 발휘할 수가 없게 된다. 학교에서는 누구나 다 시험을 보고 평가를 받기 때문에 외모가 안 좋아도 실력이 좋다는 것을 보여줄 수 있었다. 하지만 사회에서는 외모가 안 좋으면 아예 시험을 보지 못하게 한다. 외모는 안 좋아도 실력이 뛰어나다는 것을 보여줄 기회 자체를 주지 않는다.

'외모는 타고나는 것인데, 이렇게 자기 노력으로 어쩔 수 없는 외모를 가지고 사람을 평가하는 것은 옳지 않다'고 생각할 수 있다. 하지만 사회에서 중요하게 생각하는 외모는 천성적인 생김새가 아니다. 그 사람에게서 풍기는 분위기와 느낌이다. 이 분위기와 느낌은 타고난 외모와 관계가 없다. 사람들은 면접 때 사각 턱이 외모 평가에 안 좋다고 해서 성형수술을 받기도 한다. 대머리가 좋은 인상을 주지 않는다고 시술을 받기도 한다. 하지만 사각 턱이나 대머리라도 웃는 얼굴이 깔끔하고 단정하다면 좋은 첫인상을 줄 수 있다. 아무리 타고난 생김새가 좋아도 울상을 하고 있거나 찡그리고 있으면 첫인상이 좋지 않고 외모의 경쟁력이 떨어진다. 옷차림을 어떻게 하느냐, 화장을 어떻게 하느냐, 어떤 마음가짐을 가지고 있느냐, 이런 것들에 의해서 외모와 첫인상이 결정된다. 남녀가 소개팅을 하거나 선을 볼 때는 절대적인 외모, 즉 미적인 부분이 중요할 수 있다. 하지만 사회에서 직장에서 사람들이 만날 때는 절대적인 외모보다는 외모에서 풍기는 느낌과 분위기가 중요하다. 그리고 이런 느낌과 분위기는 얼마든지 자신의 의지로 만들어갈 수 있다.

중요한 것은, 자기 실력이 좋기만 하면 외모에 대해서는 크게 신경 쓰지 않아도 된다고 생각해서는 안 된다는 점이다. 학교에서는 외모와 상관없이 성적만 좋으면 인정받을 수 있었다. 하지만 사회는 그렇지 않다. 좋은 외모를 가꾸는 것이 사회생활을 잘해나가기 위한 필수 조건이다.

싫은 사람과는 같이 안 지낼 수 있다 vs
싫은 사람과도 같이 지내야 한다

학교에서는 학생들끼리 서로 잘 지내라고 말한다. 학생들끼리는 서로 사이좋게 지내야 하고 싸워서는 안 된다. 누가 누구를 미워해서도 안 되고 해코지해서도 안 된다. 이렇게 학생들끼리는 서로 잘 지내야 한다고 가르치고 있고, 학생들끼리 서로 미워하거나 싫어하면 문제가 있는 것으로 취급한다.

하지만 실제 인간관계에서는 좋은 사람도 있고 싫은 사람도 있다. 특별히 그가 잘못해서 싫어질 때도 있지만, 특별히 잘못한 게 없는데도 그냥 싫은 사람이 있다. 그리고 내가 보기에는 다른 사람이 잘못했다고 생각하지만, 정작 본인은 자기가 잘못했다고 생각하지 않는 경우도 많다. 좋은 사람도 마찬가지다. 내가 보기에는 좋은 사람인데 다른 사람은 그 사람을 싫어하는 경우도 있다. 나에게 잘해줘서 좋아하게 된 사람도 있고, 나에게 잘해주지 않는데도 좋아하게 될 때도 있다. 즉 좋고 싫음은 객관적이라기보다는 주관적인 감정이다. 특별히 어떤 경우에 좋고 어떨 때 나쁘다는 것이 정해져 있지 않다. 사람마다 좋아하는 사람과 싫어하는 사람이 다르다. 이렇게 좋고 나쁨이 각자마다 다 다르기에 모든 사람이 서로 잘 지내는 것은 사실상 불가능하다. 사람들을 모아놓으면 반드시 그중에서 더 좋아하는 사람과 싫어하는 사람이 생긴다. 누구나 다 똑같이 좋아하는 일은 불가능하다. 마찬가지로 누구하고나 다 잘 지낼 수는 없다.

그런데 학교에서는 기본적으로 누구나 다 잘 지내기를 요구한다. 모든 사람과 잘 지내면 착한 사람이고, 주위 사람들과 싸우고 미움을 표현하면 나쁜 사람이라고 가르친다. 하지만 같은 반 학생 중에서도 좋아하는 사람이 있고 싫어하는 사람이 있다. 이때 학생들이 선택하는 방법은 대강 정해져 있다. 같은 반 모두와 친하게 지내는 것은 아니고 좋아하는 사람하고만 친구로 지내는 것이다. 그리고 그 나머지 학생들하고는 별 관계없이 지낸다. 서로 대하지 않기 때문에 부딪힐 일도 없다. 부딪히지 않으니 싫어할 일도 없고 싸울 일도 없다. 이런 식으로 지내는 것이 다른 사람들하고 문제를 일으키지 않는 좋은 방법이다. 자기가 좋아하는 사람들, 자기와 친한 사람들하고만 같이 지낸다. 자기가 좋아하지 않는 사람, 싫어하는 사람과는 관계를 맺지 않고 피한다. 그러면 아무 문제 없이 학교생활을 보낼 수 있다.

대학에서는 이런 경향이 더 강해진다. 중고등학교에서는 자기가 좋아하지 않더라도 어쨌든 같은 반 공간에서 생활해야 한다. 자기가 좋아하지 않는 사람과 친하게 지낼 필요는 없지만 그래도 어쨌든 얼굴은 봐야 한다. 하지만 대학에서는 같은 과 동기이기는 하지만 얼굴도 보지 않고 지낼 수 있다. 수강 과목을 다르게 하면 한 학기를 같은 과 동기로 학교에 다녀도 얼굴 한 번 보지 않고 지낼 수가 있다. 대학에서는 자기 친구들하고만 같이 지내는 정도가 더욱 심해진다. 맘에 들지 않는 사람과는 같은 자리에 한 번 앉지도 않고 학창 시절을 보내게 된다.

학교에서는 이렇게 자기가 좋아하지 않는 사람과 같이 지내지 않을 수 있다. 자기 친구들하고만 함께 시간을 보낼 수 있다. 하지만 회사에서는 그렇게 되지 않는다. 회사에서는 자기가 좋아하는 사람하고만 같이 지낼 수 없다. 자기가 싫어하는 사람과도 계속 만나야 한다. 자기를 싫어하는 사람과도 계속 같이 일해야 한다. 기본적으로 회사에서는 내가 같이 있을 사람을 내가 선택할 수 없다. 회사에서 같이 일하라고 정해주는 사람과 같이 있어야 하고 같이 일해야 한다.

그런데 학교에서도 내가 같이 있을 사람을 내가 완전히 선택하는 것은 아니다. 학교에서 반을 나누면 같은 반 학생들과 같이 지내야 한다. 학년이 바뀌면 반도 바뀐다. 그리고 대학의 같은 과 동기들도 내가 정하는 것은 아니다. 하지만 같은 반 학생 중에서 누구와 친하게 지내느냐는 나의 선택이다. 같은 과 학생 중에서 누구와 함께 지낼지도 내가 결정하는 사항이다. 같은 반 친구, 같은 과 동기 몇십 명 중에서 내가 좋아하는 사람 몇 명을 골라서 특별히 친하게 지내면 된다.

하지만 회사에서는 그렇지 않다. 회사에서는 같이 일하는 팀원들, 같은 과 사람들이 많지 않다. 보통은 서너 명이 같은 업무를 하고, 많아야 열 명 정도다. 회사가 커서 직원이 많다 하더라도 매일매일 한 공간에서 같은 업무를 하는 사람은 고작 이 정도 숫자다. 이 열 명 안 되는 사람과 매일 부대껴야 한다. 더구나 열 명 정도의 사람들이라 해도 모두 나와 같은 친구나 동기가 아니다. 학생들 사이에서는 모두가 동료다. 하지만 회사에서는 이 열 명이 부장, 과장, 대리, 신입사원 등으로 나뉜다. 많아야 열 명 정도의 사람들 사이에 상하 관계가 존재하면서 같이 지낸다. 기본적으로 서로 사이좋게 지낼 수 없는 구조다. 회사에서는 자기 팀이 분위기가 좋고, 자기 과 동료끼리 사이가 좋다는 등의 말을 하지만 이건 어디까지나 다른 팀, 다른 과와 비교해서 그렇다는 뜻이다. 학교에서 친구들하고 지낼 때를 비교하면 상당히 삭막한 인간관계다. 학생들이 서로 친하게 지내는 것과는 친밀한 정도를 비교할 수조차 없다.

이렇게 서로 친하지 않은 사람들, 그리고 친해지기 어려운 사람들끼리 같은 공간에서 함께 일하는 곳이 회사다. 학교에서는 친하지 않은 학생과는 서로 대하지 않을 수 있다. 하지만 회사에서는 그렇게 되지 않는다. 친하지 않아도 계속 같이 일해야 한다. 학교에서는 친한 친구들하고만 같이 과제를 했다. 하지만 회사에서는 자기가 싫어하는 사람하고도 같이 프로젝트를 해야 한다.

이렇게 보면 학교에서의 인간관계 주안점은 친구들끼리 어떻게 잘 지내느냐다. 하지만 회사에서는 좋아하지 않는 사람과 어떻게 잘 지내느냐가 관심사가 되어야 한다. 좋아하지 않는 사람들과 그리고 싫어하는 사람들과 어떻게 잘 지낼 것인지, 이들 사이에서 어떻게 처신해야 할 것인지가 회사에서의 인간관계를 결정하는 요소다.

사실 이렇게 자기가 좋아하지 않는 사람들하고 어떻게 지내는가에 대한 문제에서 남녀 간의 차이가 크다. 여성들이 친한 사람끼리만 함께하려는 경향이 더 강하다. 물론 남성들도 자기 친구들과만 친하게 지내는 속성이 있지만, 여성보다는 약한 편이다. 여성들은 학생 때부터 자기들끼리의 집단을 만드는 흐름이 있다. 두 명에서 서너 명, 많으면 열 명 정도까지 자기들 사이의 집단이 형성된다. 그리고 이들 집단 내에서만 어울리고 집단 외의 사람들하고는 거의 말을 섞지도 않는다. 더 친하게 지내고 싸우고 하는 것도 이 집단 내에서 이루어진다. 관심이 없는 사람하고는 아예 어울리지도 않는다.

학교에서는 이런 식으로 지내도 된다. 하지만 회사에서도 이런 인간관계를 그대로 유지하려 한다면 큰 문제다. 회사에서도 여성들이 자기 집단을 만드는 경우가 많다. 그러면 업무를 하더라도 자기 집단 사람들끼리 하려 한다. 업무를 누가 더 잘하느냐, 능력이 있느냐 여부에 의해서 같이 일할 사람이 정해지는 것이 아니라 누가 자기와 더 친한가에 따라 선택하려 한다. 그리고 아무리 능력이 있고 그 업무에 적합한 사람이라 하더라도, 자기가 좋아하지 않는 사람과는 함께 일하려고 하지 않는다.

하지만 이런 식으로 회사생활을 하는 것에는 한계가 있다. 낮은 직급에서는 몰라도 직급이 올라가면 자기가 좋아하는 사람들하고만 일하려고 할 때 문제가 생긴다. 무엇보다 업무 실적이 잘 나지 않는다. 일 잘하는 사람과 같이 일하는 것이 아니라 친한 사람하고 일하니 이런 결과는 당연하다. 팀 분위기는 좋고 사람들 사이의 인간관계는 좋은데 승진이 안 된다. 보수도 늘지 않는다. 남녀평등이 거의 완전히 이루어진 미국과 유럽에서도 고위층으로 갈수록 남성의 비중이 압도적으로 높다. 그런데 중하위 직급의 성비는 비슷하다. 왜 그럴까? 사실 이렇게 남녀평등이 되었음에도 불구하고 고위직에서 남자의 비율이 높은 이유가 무엇인가 하는 문제는 서구의 조직 연구에서도 중요한 주제로 다뤄지고 있다. 그리고 그 이유 중 하나로 거론되는 것이 남성보다 관계를 더 중시하는 여성의 특성이다. 여성은 남성보다 친한 사람과의 관계를 더 중시하는 경향이 있다.

회사에서는 자기가 싫어하는 사람과도 같이 일할 수 있어야 한다. 함께 어울리면서 지낼 수 있어야 한다. 같은 팀 동료를 싫어하지 말고 모두 다 좋아해야 한다고 말하는 것이 아니다. 감정적으로 싫은 사람을 같이 일하려고 일부러 좋아할 필요는 없다. 다만 좋고 싫은 감정과 같이 일하고 말고의 문제는 완전히 구분해야 한다. 싫은 사람과도 아무 문제 없이 같이 어울리고 일할 수 있어야 한다는 뜻이다. 학교와는 다른, 사회에서 요구하는 인간관계의 특징이 바로 이 것이다.

4장

돈, 돈을 주고서라도 배워야 할 생존의 지식

학교에서는 돈을 가르치지 않는다 vs 사회에서는 돈을 배워야 한다

학교는 어떤 곳인가? 무언가를 배우는 곳이다. 그렇다면 무엇을 배우는 걸까? 살아가면서 필요한 지식을 배울까? 학교에서는 그렇다고 말한다. 학교에서 가르치는 것들이 바로 살아가면서 반드시 필요한 사항들이라고 주장한다. 그러면 그동안 학교에서 배운 것들을 되돌아보자. 초등학교, 중학교, 고등학교 때 배운 것들이 정말 그 후에 살아가는 데 큰 도움이 되었는가? 대학교 때 배운 것들이 사회에 나간 다음에 정말 큰 쓸모가 있었는가?

중고등학교 때 거의 모든 학생을 괴롭히는 과목이 수학이다. 그런데 이 수학이 대학에 들어온 다음에도 계속 중요했는가? 물론 관련 학과라면 그렇다고 답할 것이다. 그 외 특히 인문계열의 학생들은 어떤가? 고등학교 때의 그 어려운 수학이 그다지 쓸모가 없을 것이다.

덧셈, 뺄셈, 곱셈, 나눗셈은 필요하다. 그런데 그 이상의 수학 지식은 별로 필요하지 않다. 미분이나 적분 같은 것은 살아가면서 한 번도 쓸 일이 없다. 공대에서는 미적분이 필요하다. 하지만 문과의 경우에는 경제학과 빼고는 미적분을 쓸 일이 없다. 그리고 대학을 졸업한 이후에는 특별히 수학 계산을 해야 하는 직업에 취직하는 경우를 제외하고는 미적분을 사용할 일은 없다.

사실 곱셈이나 나눗셈조차 직접 하는 일이 드물다. 엑셀 같은 컴퓨터 소프트웨어나 스마트폰 앱에서 다 계산을 해준다. 덧셈, 뺄셈은 필요하지만 그 이상의 지식은 대학 이후에는 별 필요가 없다.

영어도 마찬가지다. 살아가면서 영어가 그렇게까지 필요할까? 영어가 가장 필요한 것은 대학에 입학하기 위하여, 그리고 취업 준비를 위하여 토익 시험을 볼 때까지다. 그때까지 영어가 꼭 필요하다. 그 이후에는 외국인과 같이 업무를 수행하는 경우에나 영어가 필요할 뿐이다. 그런데 우리나라에서 업무를 할 때 외국인과 의사소통을 하는 사람들이 얼마나 될까? 무역회사, 수출입을 주로 하는 대기업, 외국과 협상을 하는 정부기관, 외국계 회사에 다니는 사람들에게나 영어가 필요하다. 그리고 이런 사람들 외의 보통 사람들은 영어 한 마디도 안 하고 세상을 살아간다.

국어 같은 경우에도 중고등학교 때 읽은 한국 문학 작품들을 그 이후에 대할 일이 없다. 국어책에 나오는 소설이나 수필들은 빨라야 몇십 년 전의 글들이다. 학교를 졸업한 후에 소설을 읽는다면 지금 나오는 소설을 읽지, 몇십 년 전에 나온 소설을 찾아 읽지는 않는다.

몇십 년 전 글들을 찾아 읽는 것은 문학을 전문적으로 공부하는 학자나 하는 일이지 일반 사람들이 관심을 둘 일은 아니다.

음악 과목도 비슷하다. 학교 음악 시간에 배운 음악들은 모두 과거의 것들이다. 하지만 학교를 졸업한 후에 음악을 들을 때는 지금 유행하는 곡들을 듣는다. 오래된 음악이라 하더라도 10~20년 전 음악들이다. 다른 나라나 한국의 전통음악을 찾아 듣거나 하는 것은 그 분야 전문가만 하는 일이지 보통 사람들에게는 관심 밖의 일이다.

즉 학교에서는 십여 년간 매일매일 무언가에 대한 지식을 가르치기는 하지만, 그것은 지금 현재 사회를 살아가는 데 반드시 필요한 지식은 아니다. 엄밀히 말하면 학교에서 가르치는 지식은 학문적인 지식이다. 지식의 분류, 지식의 종류 등 학문적인 관점에서 접근하는 지식이다. 사실 이런 지식은 알면 좋지만 모른다고 해서 큰 문제가 되지는 않는다. 다른 사람들에게 잘난 척할 수 있는 지식이기는 하다. 하지만 대부분 사람에게는 큰 필요가 없어 몰라도 상관없는 지식이다. 학교에서 많은 시간을 들여 공부하고 시험도 치지만, 시험을 친 다음에 그것들을 다 잊어버리는 이유는 이 때문이다. 실생활에 특별히 연관되지 않는 지식이다 보니 머리에 남지 않는다. 학교에서는 학문적인 지식을 가르칠 뿐이지, 실용적인 지식을 가르치지는 않는다. 학교에서 공부를 잘하는 사람들이 무조건 사회에서도 다 잘되지 않는 현상은 이런 점에서 자연스럽다.

중고등학교 때는 그렇다 치고 대학은 다를까? 대학에서는 실용적인 지식을 가르칠까? 대학도 마찬가지다. 대학의 교과서들은 기본적으로 10~20년 전의 지식을 바탕으로 만들어졌다. 그런데 그건 그럴 수밖에 없다. 어떤 지식이든 교과서에 실리려면 해당 분야의 전문가들이 이건 진실이라고 인정하는 단계에 들어가야만 한다. 옳은지 그른지 잘 모를 때는 교과서에 실리지 않는다. 지식이 처음 개발되어 세상에 나와서 해당 전문가들에게 진실이라고 인정되기 위해서는 10년 이상의 시간이 걸린다. 그래서 대학 교과서에 실린 지식은 다 루어진 지 최소 10년은 넘은 지식이다. 중고등학교 교과서가 몇백 년 전에서 몇십 년 전의 지식을 바탕으로 만들어진 것에 비해서는 훨씬 낫다. 하지만 10~20년 전의 지식을 지금 써먹을 수 없기에 근본적으로는 마찬가지다.

학교는 학문적인 지식만을 가르칠 뿐 실용적인 지식을 가르치지 않는다. 그런데 실용적인 지식의 가장 대표적인 것은 무엇일까? 사람이 살아가면서 매일매일 다루고 그래서 꼭 필요한 게 무엇일까? 하루하루를 살아가는 데 반드시 필요해서 가장 실용성이 뛰어난 건 무엇일까? 바로 돈이다. 모든 사람이 매일매일 돈을 사용한다. 종일 집에 있으면 돈을 사용하지 않을 수도 있다. 하지만 실제로는 매일매일 돈이 나간다. 전기세, 수도세, 가스비 등도 한 달에 한 번 청구가 될 뿐이지, 매일의 사용량에 따라 요금이 산정된다.

살아가는 데 가장 실용적인 것이 돈이다. 돈에 대한 지식은 실용적인 지식의 대표 분야다. 그런데 학교에서는 돈에 대해서 가르치지 않는다. 학문적인 지식을 중요시하는 학교에서 실용적인 것의 대명

사인 돈에 대해서 언급하지 않는 것은 자연스럽다. 그래서 학교는 기본적으로 돈에 대해서 가르치지 않는다.

설령 학교에서 돈에 대해서 가르친다고 해도 사람들이 실제로 사용하는 돈에 대해 가르친다기보다는 화폐 제도, 화폐의 역사, 화폐량의 의의 등에 대해서 가르친다. 실용적인 돈을 가르치는 게 아니라 학문적인 돈을 가르친다. 하지만 돈에 대한 지식이라 해도 이런 지식은 살아가면서 필요 없다. 살아가면서는 지금 내 주머니에 돈이 얼마나 있고 이 돈을 어떻게 사용할 것인가가 중요하다. 이전에 조개나 소금이 그 역할을 했다는 식의 화폐의 역사는 아무 소용이 없다.

학교를 졸업하고 사회에 나오면 이제 학문의 영역에서 벗어나 실용의 영역에 들어가는 셈이다. 실용의 영역에서 가장 중요한 것 중 하나가 돈이다. 어떻게 하면 돈을 벌 수 있고, 어떻게 사용해야 하고, 어떻게 관리해야 하고, 또 어떻게 축적해야 하는지에 대한 지식이 필요하다. 사실 살아가면서 더 중요한 지식은 이런 돈에 대한 실용적인 지식일 것이다. 학교 공부를 못하면 성적이 나쁘게 나올 뿐이다. 다른 사람들한테 공부 못하는 학생이라는 말을 듣고 자존심과 자긍심이 상처받을 뿐이다. 공부를 못한다고 집을 날리거나 굶거나 망하지는 않는다. 하지만 돈 관리를 잘못하면 집이 날아간다. 망해서 굶게 될 수도 있다. 공부를 못한다고 노숙자가 되지는 않는다. 하지만 돈 관리를 잘못하면 노숙자가 될 수 있다. 사회에 나오면서부터는 학교 공부보다 돈에 대한 지식이 훨씬 더 중요하다.

이렇게 돈에 대한 지식은 중요하다. 하지만 학교에서는 돈에 대해서 가르치지 않는다. 실용적인 측면에서 돈을 어떻게 벌 수 있는지, 어떻게 관리해야 하는지, 어떻게 모아야 하는지를 알려주지 않는다. 하지만 사회에 나와서는 이런 지식을 반드시 알아야 한다. 사회에서 잘살기 위해 필요한 지식은 학교의 학문적인 지식이 아니라 살아가는 데 필요한 실용적인 지식이다. 그런데 이런 지식을 따로 가르쳐주는 학교는 없다. 요컨대 이런 돈에 대한 지식은 혼자 배울 수밖에 없다. 돈을 어떻게 벌 수 있는지, 돈을 어떻게 관리해야 하는지, 돈을 어떻게 모아야 하는지에 대한 지식은 사회에 나와서 스스로 배워야 할 중요한 지식이다.

돈보다 중요한 것이 많다 vs
직장에서는 돈이 가장 중요하다

학교에서는 절대로 돈을 목적으로 두지 않는다. 학생일 때 돈은 수단에 불과하다. 학생들은 돈을 위해서 공부하지 않는다. 지식을 높이 쌓아서 높은 점수를 받기 위해서 공부할 뿐 돈을 벌기 위해서 공부하는 것은 아니다. 돈은 공부를 위한 수단이다. 영어를 더 잘하기 위해서 돈을 들여 학원에 간다. 높은 성적을 얻기 위해서 돈을 들여 과외 선생님을 구한다. 좋은 학교에 들어가기 위해서 돈을 쓰며 공부를 더 한다. 영어회화를 배우기 위해 돈을 들여 어학연수를 간다. 이렇듯 학생들에게 있어 돈은 공부의 수단이다. 목적이 아니다. 지식을 더 얻기 위해서, 더 좋은 학교에 가기 위해서 돈을 쓴다. 세상에는 돈보다 더 중요한 것이 많이 있다. 그런 가치를 달성하는 것이 중요하며 돈은 단지 수단에 불과하다.

또 학교에서는 돈을 중요한 것으로 가르치지 않는다. 학교에서는 돈보다 더 중요한 것이 많이 있다는 것을 강조하고, 돈보다 더 높은 사회적 가치를 추구할 것을 요구한다. 학교에서 가르치는 것은 현실적인 지식이 아니라 과거의 지식이나 이상적인 지식이다. 현재 어떠한가를 가르치는 것이 아니라 과거에 어떠했는지를 가르치고, '사람들이 살아가는 세상이 이랬으면 좋겠다'는 것을 가르친다. 이때 '돈을 추구하는 것'은 절대 사람들이 원하는 세상의 모습이 아니다. 사람은 빵만으로는 살 수 없다. 빵 말고 다른 중요한 가치들이 많이 있다. 학교에서는 사람들이 빵을 추구하는 것에서 벗어나 다른 중요한 가치를 추구해야 함을 가르친다.

하지만 사회에 나오면 이야기가 달라진다. 물론 사회에서도 돈보다 중요한 것이 많이 있다. 돈이 세상의 전부는 아니다. 사람이 빵만으로는 살 수 없다는 것은 사회에서도 진리다. 하지만 사회에서는 다른 가치보다 빵이 더 중요하다. 우선 돈이 있어야 하고 돈을 벌어야 한다. 특히 회사는 돈을 목적으로 하는 곳이다. 회사 자체가 돈을 목적으로 하기에, 회사에서 일하는 직장인들의 우선적인 목표도 돈이 된다. 직장인이 회사에 다니는 이유는 돈 때문이다. 직장에서 돈 외의 다른 가치를 우선시하면 금방 문제가 발생한다.

매슬로의 동기부여 이론이란 것이 있다. 사람들이 갖는 욕구를 다음과 같이 5단계로 나눈 것이다.

사람들은 우선 생리적 욕구를 가진다. 먹고 자고 하는 욕구다. 사람이기 이전에 동물로서 살아가기 위한 기본적인 욕구다. 이 생리적

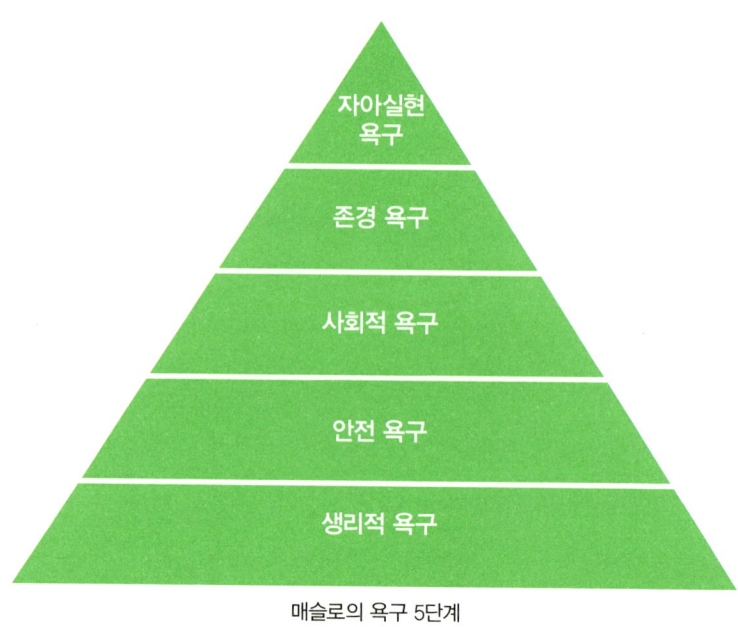

매슬로의 욕구 5단계

욕구가 만족되면 안전 욕구를 갖는다. 생리적 욕구가 당장 배고픔을 해결하고자 하는 욕구라면 안전 욕구는 1년 후, 5년 후에도 먹고살 수 있기를 바라는 욕구다. 이 세상을 살아가면서 나중에 굶어 죽지 않을 것을 바라는 욕구다. 이 생리적 욕구와 안전 욕구는 물질적인 것과 관련된다. 먹고사는 문제고, 돈을 중요시하는 단계다.

안전 욕구가 충족되면 그다음에는 사회적 욕구를 갖는다. 다른 사람들과 잘 지내고 싶은 욕구다. 친구를 사귀고 동호회 활동을 하고, 친척끼리 잘 지내고 싶어 한다. 사회적 욕구가 충족되면 그다음은 존경의 욕구가 생긴다. 다른 사람들에게 존경을 받고 싶어 한다. 사회적 욕구에서는 다른 사람들과 평등한 관계를 추구한다. 그러나 존경 욕구에서는 다른 사람들보다 더 나아지고 싶어 한다. 회사에서는 승진하고 싶어 하고, 학생이라면 다른 사람들보다 더 좋은 학교에 가고 싶어 한다. 사회적 지위를 원하고 다른 사람들에게 칭찬을 받고 싶어 한다.

존경 욕구가 충족되면 그다음은 자아실현 욕구다. 자아실현 단계에서는 다른 사람들이 나를 어떻게 평가하는지에 대해서 신경 쓰지 않는다. 사회적 욕구에서는 다른 사람들과 잘 지내고 싶어 하고 존경의 욕구에서는 다른 사람들에게 칭송을 받고 싶어 한다. 하지만 자아실현 욕구 단계에서는 다른 사람의 시선은 상관없어진다. 자기 스스로 목적이 있고, 자신만의 목적을 달성하는 것에만 신경 쓴다. 자아실현은 궁극적으로 인간이 달성할 수 있는 최고 욕구의 단계다.

학교에서는 돈을 중요시하지 않고 친구들과 잘 지내기, 좋은 학교 가기, 자아실현을 이야기한다. 매슬로의 욕구 5단계 중에서 사회적 욕구, 존경 욕구, 자아실현 욕구를 강조하는 것이다. 이런 것들이 돈보다 훨씬 더 중요하다고 말한다. 사실 이런 것들이 돈보다 더 중요한 게 맞다. 돈을 추구하는 것은 하위 단계고, 사회적 관계, 자아실현을 추구하는 것이 더 높은 단계다.

하지만 매슬로의 5단계 이론에서 중요한 점이 있다. 일단 생리적 욕구와 안전 욕구가 달성된 다음에야 사회적 욕구나 자아실현 욕구의 중요성이 생긴다는 사실이다. 일단 오늘 저녁에 먹을 것이 없는 상태에서는 자아실현을 추구할 수 없다. 다음 달에 어떻게 먹고살지가 막막한 상태에서 자아실현을 추구할 수는 없다. 일단 먹고사는 문제가 해결된 다음에야 사회적 관계와 자아실현을 추구할 수 있게 된다.

학교에서 돈을 중요하게 강조하지 않는 이유는 일단 학교에 다니는 학생들은 대부분 먹고사는 문제가 해결된 상태이기 때문이다. 부모님이 최소한 학생들이 먹고살게는 해준다. 학생들은 먹고 자는 문제가 해결된 상태에서 그다음을 추구한다. 그러니 사회적 욕구와 자아실현 욕구를 강조할 수 있다. 돈보다 더 중요한 사회적 가치가 존재한다. 진짜 먹고사는 문제가 해결되지 않는다면, 학생들이 더는 학교에 다니지 못한다. 지금 학생 신분이라는 이야기는 일단 먹고살 수는 있다는 의미가 된다.

하지만 학교를 졸업하고 사회로 나가면 이야기가 달라진다. 당장은 부모님이 계속 먹여 살려줄 수 있다. 하지만 머지않아 자기 혼자만의 힘으로 먹고살아야 한다. 부모님을 먹여 살려야 하는 위치에 설 수도 있다. 학생일 때는 생리적 욕구, 안전 욕구가 이미 해결되었기에 그 상위의 욕구인 사회적 욕구, 존경의 욕구, 자아실현의 욕구를 더 추구할 수 있었다. 하지만 학생 신분에서 벗어나면 일단 생리적 욕구와 안전 욕구부터 충족시켜야 한다. 돈이 중요하게 된다. 돈보다 더 중요한 가치가 있다는 지적은 맞지만, 일단 돈이 더 중요한 가치가 된다. 존경 욕구, 자아실현 욕구는 돈을 벌어서 먹고사는 문제가 해결된 다음에야 추구할 수 있다.

회사도 마찬가지다. 회사는 생존이 일차적이며 가장 중요하다. 회사도 기부와 봉사 등을 통해 사회에 기여해야 한다. 그건 맞다. 하지만 어디까지나 회사가 생존하고 난 다음의 이야기다. 회사가 돈을 많이 벌면 기부와 봉사 활동이 증가한다. 하지만 회사에 돈이 없으면 기부와 봉사 활동을 줄인다. 일단 돈을 번 다음에 봉사가 있다.

회사에서 가장 중요한 사람은 돈을 벌어오는 사람이다. 성격이 좋아서 다른 사람들에게 칭찬을 받는 사람이 아니다. 아무리 인격적으로 훌륭해도 돈을 벌어오지 못하는 사람은 회사에서 큰 가치가 없다. 이런 사람들은 종교 단체, 봉사 단체로 가야지 회사로 들어오면 안 된다.

돈보다 더 중요한 것이 있다. 그건 분명히 맞는 말이다. 하지만 사회생활에서는 일단 돈이 더 중요하다. 사회에서는 돈 문제를 먼저 해결한 후에야 그다음 가치를 추구할 수 있다. 사람은 빵만으로 살 수 없다. 하지만 우선 빵이 있어야 살아갈 수 있다.

공부를 잘하면 부자가 될 수 있다 vs 공부를 잘하는 것과 부자 되는 건 관계없다

학생 때 선생님들은 이렇게 강조했다.

공부만 잘하면 앞으로 뭐든지 잘될 수 있다. 공부를 잘하면 좋은 대학에 들어갈 수 있다. 좋은 대학에 들어가면 좋은 직장을 얻을 수 있고 부자도 될 수 있다. 공부를 열심히 하고 모범생이 되는 것이 나중에 부자가 될 수 있는 가장 빠른 길이다.

공부를 잘하면 나중에 저절로 잘살게 된다는 가르침 때문에 학생들은 지금 공부를 열심히 하지 않고 돈에 큰 관심을 두는 것은 좋게 보지 않는다. 그 대신 이렇게 믿는다.

돈 많은 부자가 되기 위해서는 돈을 좇으면 안 된다. 오히려 돈을 바라지 않고 주어진 일을 열심히 하는 게 옳다. 그러면 돈은 저절로 따라온다. 학생에게 가장 중요한 일은 공부를 하는 것이다. 공부를 열심히 하면 나중에 저절로 돈을 많이 벌 수 있을 것이다. 그러니 지금 돈에 큰 관심을 두지 말고 공부를 해야 한다.

예를 들어보자. 한국에서 돈을 가장 많이 버는 직업은 무엇일까? 국세청에서는 해마다 높은 소득을 올리는 직업군을 발표한다. 고소득자가 많은 대표적인 직업은 의사, 변호사다. 세무사, 변리사, 회계사 등도 고소득 직업에 들어간다. 의사, 변호사, 회계사, 변리사는 모두 공부를 잘해야 가질 수 있는 직업들이다. 이런 사례를 볼 때 공부를 잘해야 나중에 부자로 잘살 수 있다는 학생들의 생각이 일리 있어 보인다.

그러나 사회인이 되면 공부를 잘하는 것과 부자가 되는 것 사이에는 큰 관계가 없다는 사실을 알게 된다. 학교를 졸업해서 직장을 가지고 사회생활을 하다 보면 공부 잘하는 것과 잘사는 것 사이에는 함수 관계가 존재하지 않음을 깨닫는다.

물론 학력과 소득 수준 사이에는 어느 정도 연관성이 있다. 한국만이 아니라 전 세계적으로 조사를 해보면 어느 나라나 학력과 소득 수준 사이에는 상관관계가 존재함이 드러난다. 학력이 높은 사람들이 소득이 높고, 학력이 낮은 사람들이 소득도 낮다. 그런데 이건 학력과 소득이 서로 관련이 있다는 것이지 공부 잘하는 사람이 부자가 된다는 뜻은 아니다. 학력은 고등학교 졸업, 대학교 졸업, 대학원 졸업 등으로 구분한다. 이렇게 학력을 구분해서 조사해보면 고등학교 졸업자들보다 대학교 졸업자들의 소득이 더 높다. 대학원 졸업자들은 대학교 졸업자들보다 평균적으로 소득이 더 높다. 그래서 학력과 소득 사이에 상관관계가 있다는 말은 맞다.

하지만 요즘 한국에서 대학생이 되는 것은 그리 어려운 일이 아니다. 지금 한국에서 고교 졸업생 중 대학생이 되는 비율은 70퍼센트를 넘는다. 대학을 안 가는 30퍼센트는 공부를 워낙 못해서 대학에 갈 수 없는 게 아니다. 입학 정원을 채우지 못하는 대학들이 전국적으로 존재한다. 말하자면 원서만 내면 들어갈 수 있는 대학들도 있다. 그러니 마음만 먹으면 어떻게든 대학에 들어가서 대학 졸업장을 받을 수 있다. 지금 한국에서 학생들이 관심을 두는 것은 더 좋은 대학에 들어가는 것이지 대학생이 되는 것 자체는 아니다.

고등학교만 졸업하는 것보다 대학교를 졸업하는 것이 돈을 더 많이 벌 수 있는 길이다. 그건 맞다. 그럼 명문 대학을 사람들이 안 그렇지 않은 사람들보다 더 많이 버는 걸까? 명문대 졸업생들이 나중에 가장 돈을 많이 벌고, 중위권 대학 졸업생들은 그다음으로 돈을 벌고, 하위권 대학 출신들은 돈을 많이 벌지 못하는 걸까? 결론을 말하자면 이 수준에서는 상관관계가 없다. 대학을 나온 사람들이 고등학교만 나온 사람들보다 평균적으로 돈을 많이 버는 것은 맞다. 하지만 명문 대학을 나온 사람들이 평범한 대학을 나온 사람들보다 더 많이 돈을 벌게 되는 것은 아니다.

국세청이 발표하는 고소득자들의 직업을 볼 때 공부를 잘하면 부자가 될 수 있는 것 같다. 공부를 잘해야만 자격증을 딸 수 있는 의사, 변호사, 회계사 등의 소득이 높지 않은가? 하지만 국세청이 발표하고 일반인들에게 널리 알려진 고소득자 직업에는 맹점이 있다. 가장 소득이 높은 직업은 의사나 변호사가 아니다. 정말로 소득이 높은 사람들의 직업군은 사업가다. 그리고 기업의 임원들이다. 이 사람들의 소득이 의사와 변호사보다 월등히 높다. 의사들이 돈을 아무리 많이 번다고 해도, 변호사가 아무리 소득이 높다 해도 사업가들의 소득을 따라가지 못한다. 평균적으로 봐도 대기업 임원들의 소득이 훨씬 더 높다.

국세청에서 발표하는 고소득 직업군은 사업자들의 소득을 제외한 것이다. 사업자 중에서 높은 소득을 올리는 사람들은 의사나 변호사들의 수입보다 훨씬 더 많다. 또한, 그 숫자도 더 많다. 의사와 변호사는 우리나라에서 몇만 명 내외에 불과하다. 하지만 고소득 사업자의 수는 몇십만 명이 넘는다.

생각해보면 그럴 수밖에 없다. 변호사는 돈 많은 사람을 대신해서 소송과 법률 자문을 해주는 사람들이다. 회계사는 돈 많은 사람들을 대신해서 회계 장부를 작성해주는 사람들이다. 변리사는 돈 많은 사람들을 대신해서 특허 업무를 해준다. 물론 의사는 돈 많은 사람들만을 위해서 일하지는 않는다. 하지만 병원에서 큰 수익을 내는 1인 1실 병실, 특실 등은 돈 많은 사람들이 이용한다. 병원의 큰 수익은 이렇게 부자들이 이용하는 데서 나온다. 그렇다면 변호사, 회계사, 변리사, 의사들보다 훨씬 부자인 직업군이 따로 있다는 뜻이다. 어느 나라에서나 전문 서비스 직업군이 가장 큰 부자 집단이 될 수는 없다. 부자 집단은 어느 나라에서나 사업가 집단이다.

의사, 변호사, 회계사가 아니더라도 공부를 잘해서 얻을 수 있는 직장은 월급쟁이가 되는 것이다. 공부를 열심히 해서 공무원이 되거나 공부를 계속해서 교수가 된다 해도 결국은 월급쟁이다. 안정적으로 높은 월급을 받는 사람들은 중산층으로 살 수 있다. 하지만 부자는 되지 못한다. 공부를 잘하는 것은 안정적인 직업을 가지는 데는 분명히 도움이 된다. 그래서 학교에서는 공부를 열심히 하라고 하는 것이다. 하지만 안정적인 직업을 가지는 것이 부자가 되는 길은 아니다. 공부를 열심히 하고 잘하는 것은 이 사회에서 중산층으로 살아가는 길이지 부자가 되는 길은 아니다.

부자가 가장 많은 직업군은 사업가 집단이다. 그러면 공부를 잘하는 사람이 좋은 사업가가 될 수도 있지 않을까? 공부를 잘하는 사람이 더 좋은 사업가가 될 수 있다면, 공부를 잘하면 부자가 될 수 있다는 말도 사실이어야 한다. 그런데 대단히 불행하게도, 공부를 잘하는 사람은 사업가가 되기 힘들다. 아니 학교에서 모범생으로 충실하게 학교생활을 한 사람들은 좋은 사업가가 되기 어렵다.

원래 학교라는 것은 기업에서 일할 근로자를 양성하기 위해 만들어진 제도다. 18세기에 서구에서 산업혁명이 이루어지면서 공장에서 일할 근로자들이 필요하게 되었다. 공장에서 일할 근로자, 회사에서 일할 직원들은 우선 회사나 공장에서 종일 앉아 있을 수 있는 사람이어야 했다. 회사에서 주어지는 일들을 실수 없이 처리할 능력도 요구되었다. 그런데 그동안 자유분방하게 살아온 사람들은 회사나 공장에서 종일 앉아 있는 일을 할 수 없었다. 그래서 학교 제도가 만들어졌다. 학생들은 학교에서 종일 지내는 연습을 하고, 학교에서 부여한 일들을 잘 해내야 했다. 이 학교생활을 잘할 수 있는 사람들이 회사생활, 공장생활도 잘할 수 있었다. 학교는 사업가를 만들어내는 장소가 아니다. 사업가를 위해 일할 근로자를 만들어내는 장소다. 학교생활에 잘 적응하고 학교에서 모범생이 되고 학교에서 하라는 공부를 열심히 한 사람들은 훌륭한 근로자가 될 수 있다. 하지만 사업가는 되기 어렵다. 중산층이 될 수는 있지만, 부자가 되기는 어렵다는 의미다.

의사, 변호사, 회계사, 판·검사, 고위 공무원들은 모두 공부를 잘한 사람들이다. 그건 맞다. 그래서 학생들은 이런 직업을 가지기 위해서 공부를 열심히 하려고 한다. 하지만 사업가의 학벌은 어떨까? 이 사회에서 부자들인 사업가들의 학벌이 정말로 좋을까? 그들은 공부를 잘한 사람들일까?

이 사회에서 부자인 사람들의 학벌을 알게 되면 아마 깜짝 놀랄 것이다. 학벌이 좋은 사업가와 부자들도 있기는 하다. 하지만 부자가 된 사업가들은 대부분 공부를 그렇게 잘하지 못했다. 대학을 안 나온 사람들도 많다. 이런 사실을 보면 공부를 잘하는 것과 부자가 되는 것은 상관이 없다.

직장인들은 그것을 잘 안다. 그래서 대학을 졸업해서 사회에 진출한 후에 대학원에 들어가서 박사 학위를 받고자 하는 사람이 거의 없다. 경영학 석사인 MBA를 받는 경우 연봉이 높아질 수 있기에 여기에 도전하려고는 한다. 하지만 일반 대학원이나 박사 학위까지 계속 공부하려는 직장인들은 거의 없다. 공부해봐야 소득이 늘어나는 것은 아니기 때문이다. 학생들은 공부를 열심히 하면 돈을 더 많이 벌 수 있다고 생각하지만, 직장인들은 공부와 돈을 버는 것 사이에는 큰 관련이 없다는 것을 인식하고 있다.

열심히 하면 돈을 벌 수 있다 vs
열심히 한다고 돈이 벌리지는 않는다

학생 때는 공부 잘하는 것이 목적이다. 그런데 공부를 잘하기 위해서는 무엇을 해야 할까? 더 좋은 선생을 만나는 게 필요할 수 있다. 더 좋은 교재를 선택하는 게 효과적이기도 하다. 어떤 학원에 다니는가도 중요하다. 하지만 이 모든 것 중에서도 가장 중요한 것은 공부 시간을 늘리는 일이다. 일단 공부 시간을 늘려야 한다. 더 많이 공부해야 한다. 그래야만 성적이 올라갈 수 있다. 공부 시간을 그대로 둔다면 제아무리 선생을 잘 만나고 교재가 좋다 하더라도 성적이 오르지 않는다. 일단 공부 시간을 늘리는 것이 최우선이다. 그런데 공부 시간을 늘릴 만큼 늘렸는데도 성적이 오르지 않으면 그때는 더 좋은 선생이나 교재, 학원이 필요하다. 그래서 학생들은 아침 일찍부터 학교에 가고 밤늦도록 학원에서 공부한다. 우선 공부 시간을 확보하려는 것이다.

그리고 공부 시간을 늘리면 어느 정도 성적이 오르게 되어 있다. 아침부터 밤까지 열심히 하면 아주 좋은 성적을 받지는 못하더라도 최소한 공부를 못하는 학생이 되지는 않는다. 시간을 투여하면 기본은 한다. 영어도 마찬가지다. 영어가 아무리 어렵다 해도 공부 시간을 늘려서 열심히 하면 토익 점수는 오른다. 토익 900점 이상을 받기 위해서는 공부 시간 외에 플러스알파가 필요할 수 있지만, 900점 이전까지의 점수는 공부량에 비례한다고 봐도 된다. 열심히 하면 토익 점수는 오르게 되어 있다.

학생일 때는 공부를 하는 것이 주된 일이다. 그리고 공부는 투입 시간을 늘리면 어느 정도 성과를 얻을 수 있는 분야다. 그래서 학생들은 돈 버는 것도 공부와 마찬가지일 거라 생각한다. 열심히 하면 돈도 벌 수 있다고 짐작한다. 요즘은 취업하기가 쉽지 않다. 하지만 어떻게든 취업을 하면 그다음부터는 돈을 벌 수 있을 거라 예상한다. 공부를 열심히 하면 성적이 오르듯이, 영어를 열심히 하면 토익 점수가 오르듯이 직장생활도 열심히 하면 돈을 벌 수 있다고 믿는다.

하지만 사회에서는 그런 식으로 일이 굴러가지 않는다. 사회에서는 열심히 한다고 해서 돈이 벌리지 않는다. 열심히 한다는 것과 돈을 버는 것 사이에는 비례 관계가 존재하지 않는다.

학생들도 돈을 번다. 학교에서 장학금을 받기도 하고 아르바이트를 하는 학생들도 있다. 그런데 장학금은 기본적으로 성적에 따라

준다. 성적이 좋아야 장학금을 받을 수 있다. 바꾸어 말하면 자신이 열심히 공부하면 장학금을 받을 수 있다. 아르바이트로 돈을 번다고 하지만, 학생들의 아르바이트는 대부분 시간당 임금이다. 한 시간에 5000원을 받는다고 하면, 3시간을 하면 1만 5000원, 5시간을 하면 2만 5000원으로 불어난다. 시간을 늘릴수록 덩달아 수입이 늘어난다. 자기가 열심히 하면 할수록 수입이 늘어나는 구조다.

요컨대 학생 때는 뭐든지 열심히 하면 그에 따른 보답을 얻을 수 있는 시스템 아래에서 움직인다. 공부를 열심히 하면 성적이 오른다. 성적을 잘 받으면 장학금을 탈 수 있다. 아르바이트를 열심히 하면 돈을 더 벌 수 있다. 열심히 하기만 하면 된다. 그래서 학생들은 '돈을 많이 버는 방법도 어렵지 않다. 열심히 하면 돈을 벌 수 있다. 사회에 나가서도 열심히 하면 돈을 벌고 부자가 될 수 있다'고 생각한다.

하지만 사회에서는 열심히 한다고 해서 돈이 벌리지 않는다. 단순히 열심히 해서 돈을 벌 수 있는 일은 시간당 임금을 받는 아르바이트뿐이라고 봐도 된다. 아니면 일당으로 임금을 받는 경우다. 이때는 자기가 열심히 하면 그에 따라 수입이 늘어난다. 열심히 하는 것과 돈을 버는 것 사이에 비례 관계가 있다.

하지만 시간당 임금을 받는 아르바이트나 일당을 받는 일은 거의 다 3D에 속하는 일들이다. 하는 일에 대해 폄하하는 건 아니다. 이런 일들도 분명히 가치가 있고 의미도 있다. 하지만 이런 일을 통해 돈을 벌기는 힘들다. 시간당 임금이나 일당으로 받는 임금은 다른 업무들에 비해서 낮은 수준이다. 아무리 열심히 한다고 해도 큰 돈을 벌기는 어렵다. 무엇보다 시간당 임금을 받을 때는 일할 수 있는 시간의 한계를 가지게 된다. 아무리 열심히 일한다 해도 하루에 15시간이다. 잠자는 시간, 밥 먹는 시간 등이 있기 때문에 그 이상은 불가능하다. 그러면 시간당 5000원이라면 하루에 벌 수 있는 최대한의 돈은 7만 5000원이다. 한 달에 20일을 일한다 하면 150만 원이다. 휴일도 주말도 없이 일만 한다고 하면 30일을 일할 수 있고, 그러면 한 달에 225만 원이다. 웬만한 직장에서 8시간 근무하는 정도의 돈이다. 시간당 임금으로 일하면 큰돈을 버는 게 불가능하다.

사회에서는 열심히 일했을 때 그에 따라 비례적으로 수입이 늘어나는 일은 시간당 임금이나 일당을 받는 일뿐이다. 나머지 일들은 열심히 하는 것과 수입 증가가 비례하지 않는다. 열심히 일한다고 해서 돈이 더 벌리지는 않는다. 돈을 벌기 위해서 더 많은 시간을 투여한다고 해도 더 벌리는 것도 아니다. 이처럼 열심히 일하는 것과 돈을 버는 것 사이에 연관성이 존재하지는 않는다.

사람들은 돈과 관련해서 사회의 부조리를 욕한다. 종일 열심히 일하는 근로자들의 수입이 적어서 그들이 문화생활도 제대로 누리지 못하는 현실을 비판한다. 몇십 년을 사회에서 일했는데 노년에 돈이 없어 생활이 어려워지는 사회 구조를 비난한다. 그렇게 열심히 일했으면 잘살 수 있어야 하는데 제대로 생활 보장이 되지 않는 이 사회를 한탄한다.

그리고 노력을 하지 않았는데도 쉽게 돈을 버는 사람들에게도 비난의 칼날을 들이댄다. 아파트를 사놓았을 뿐인데, 몇 년 안에 아파트가 몇천만 원 올라서 돈을 번 사람들을 욕한다. 열심히 일하고 저축하는 사람들은 1년에 1000만 원 모으기가 힘들다. 3000만 원이 넘는 돈을 모으기 위해서는 정말 열심히 일하고 저축해야 한다. 그런데 아파트 가격이 올라서 앉은 자리에서 3000만 원 이상의 돈을 버는 사람들이 있다. 주식을 사놓기만 했는데 몇천만 원을 번 사람들이 있다. 열심히 일하지 않고 쉽게 돈을 버는 이런 사람들에 대해서 많은 사람이 곱지 않은 시선을 보낸다. 그리고 이렇게 쉽게 돈을 버는 사람들을 내버려두는 사회 구조를 비판하곤 한다.

하지만 사회란 원래 그렇다. 한국 사회가 지금 나쁜 사회라서 열심히 일해도 돈을 벌기 힘들고, 열심히 일하지 않은 사람이 쉽게 돈을 버는 것이 아니다. 한국뿐 아니라 제대로 된 시장 경제를 유지하는 사회가 모두 그렇다. 오히려 열심히 일하면 큰돈을 벌 수 있다, 열심히 일하지 않으면 돈을 벌 수 없고 벌어서도 안 된다고 생각하는 게 문제다. 열심히 하면 돈을 벌 수 있다고 생각하는 것, 열심히 안 하면 돈을 벌 수 없다고 생각하는 것은 학생의 사고방식일 뿐이다.

학교생활을 하면서 열심히 하는 것과 그 결과 사이에 비례 관계가 있다는 사고방식이 몸에 배었다. 그래서 돈을 버는 것, 사회에서 성공하는 것도 열심히 하는 것과 비례 관계가 있다고 생각한다. 열심히 공부하지 않았는데 성적이 좋게 나오는 것은 뭔가 이상한 일이다. 마찬가지로 사회에서도 열심히 산 것 같지 않은데 부자인 사람들을 보면 뭔가 이상한 짓을 했으리라 짐작한다. 하지만 사회는 그런 식으로 움직이지 않는다. 학생일 때는 노력을 하면 그에 따라 보답이 비례적으로 주어진다. 하지만 사회에서는 노력과 보상이 비례적이지 않다. 소위 비선형의 특징을 보인다. 아무리 노력을 해도 큰돈을 벌지 못할 수 있다. 또 노력을 제대로 하지 않았는데도 큰돈을 벌 수 있다. 특히 육체 노동을 열심히 하는 것과 돈을 버는 것 사이에는 정말 아무런 관계도 없다. 일하는 시간을 늘리는 것과 돈을 버는 것 사이에도 아무런 연관성이 없다. 이건 부조리한 게 아니다. 원래 사회는 그렇다. 열심히 일했는데 돈을 벌지 못했다고 불평하는 건 학생의 사고방식을 가지고 사회를 평가하기 때문에 나타나는 현상이다.

사회에서 돈을 버는 것은 비선형의 세계다. 결과를 예측할 수 없고 투입에 따른 산출을 제대로 예측하기 힘들다. 쉽게 말해서 운이 중요하게 작용한다. 학생 때는 모든 문제를 찍어서 우등생이 되는 것은 불가능했다. 운만으로는 공부를 잘하는 학생이 될 수 없다. 그리고 공부를 열심히 하고 실력도 좋은 우등생이 시험을 망치는 일도 일어나지 않는다. 시험문제가 어떻게 나와도 우등생이 열등생보다 더 나쁜 경우는 벌어지지 않는다. 하지만 사회에서 돈 버는 일은 그렇게 굴러가지 않는다. 사회는 운만으로 부자가 되는 게 가능하다. 열심히 노력한 사람이 가난하게 되고 열심히 하지 않은 사람이 부자가 되는 게 가능하다. 그게 학교와 다른 사회의 특성이다.

절약과 저축이 중요하다 vs 투자가 중요하다

학교에서는 기본적으로 돈에 대해서 잘 가르치지 않는다. 돈의 기원(처음에 돈은 조개껍데기, 돌, 소 등으로 시작되었다 등), 사회적 기능(물물교환일 때보다 거래의 편리성을 높여준다 등), 제도적 측면(중앙은행이 화폐를 발행한다 등) 같은 것에 대해서는 가르친다. 하지만 어떻게 돈을 벌 수 있는지는 제대로 가르쳐주지 않는다.

학교에서 돈을 버는 방법으로 가르쳐주는 게 한 가지 있기는 하다. '절약하고 저축하라'는 내용이다. 돈을 쓸데없이 쓰지 말고 반드시 필요한 데에만 사용해야 하고, 또 돈을 쓰지 말고 모아야 한다. 그렇게 절약하고 저축하면 돈을 모을 수 있고 잘살 수 있다. 그것이 학교에서 가르쳐주는 돈을 버는 거의 유일한 방법이다.

그런데 정말로 절약과 저축만 하면 잘살 수 있는 걸까? 부자가 될 수 있을까? 학교에서는 절약과 저축을 강조하고 은행에 통장을 만들고 적금 드는 것을 강조한다. 그러면 이렇게 계속 저축하면 나중에 부자가 되어 잘살 수 있을까? 그 답을 찾으려면 지금 사회에서 잘사는 사람 중에 저축만으로 부자가 된 사람이 과연 얼마나 되는지를 보면 된다. 지금 우리 사회에서 부자로 사는 사람 중에서 저축을 해서 부자가 된 사람이 얼마나 될까? 그들은 누구일까?

나는 분명히 말할 수 있다. 절약하고 저축해서 부자가 된 사람은 없다. 한국뿐만이 아니라 다른 나라들을 봐도 마찬가지다. 어느 나라에서든 저축해서 부자가 된 사람은 없다. 저축해서 풍요롭게 잘살게 된 사람도 없다. 기본적으로 저축은 부자가 되는 길, 잘살게 되는 길이 아니다.

그냥 단순하게 계산해봐도 답이 나온다. 1개월에 100만 원을 저축하면 많이 하는 편이다. 그렇게 1년을 저축하면 1200만 원이다. 10년을 저축하면 1억 2000만 원이다. 30년을 열심히 모으면 3억 6000만 원이다. 그러면 서울의 웬만한 아파트 전셋값이 된다. 20대 중반부터 저축한다면 30년이면 50대 중반이 된다. 30년 동안 한 달에 100만 원씩 열심히 저축하면 50대 중반에 서울에서 아파트 전세를 구할 수 있다. 그런데 이 사람은 정말 열심히 저축한 경우다. 30년 동안 저축하기 위해서는 꾸준하고 끈기도 있어야 한다. 과장, 부장이 되어서 한 달에 100만 원을 저축하는 것은 어렵지 않을지 몰라도, 신입사원이나 대리 시절에 한 달에 100만 원을 떼기는 쉽지 않다. 더구나 중간에 결혼도 해야 하고 애도 낳고 길러야 한다. 그런 상황에서도 한 달에 100만 원씩 열심히 저축했는데 50대 중반에 두 손에 떨어지는 것은 3억 6000만 원뿐이다. 이자가 좀 붙으면 현재 가치로 4억 원 정도 될 것이다. 적은 돈은 아니지만, 부자라고 할 수 있는 금액은 아니다.

기본적으로 절약과 저축은 잘사는 방법, 부자가 되는 길이 아니다. 그런데 왜 학교에서는 계속 돈을 아껴서 저축하라고 하는 걸까? 그 이유는 간단하다. 학교 선생님들과 교과서를 만드는 학자들은 모두 부자가 아니기 때문이다. 교과서를 만드는 학자들과 선생님들은 학문을 열심히 한 사람들이다. 그래서 자기 전공 분야에 대해서는 많이 안다. 그래서 자기가 잘 아는 학문을 요약하고 정리해서 교과서를 만들고, 그 교과서의 내용을 가르친다. 학문은 잘하고 과거의 지식에 대해서는 잘 알지만, 돈 버는 법은 모른다. 돈 버는 법을 모르니 어떻게 하면 돈을 벌 수 있는가에 대해서 가르칠 수 없다.

선생님과 학자들은 월급을 받아서 생활한다. 월급은 매달 정기적으로 고정된 금액이 들어온다. 이렇게 월급을 받아 생활하는 사람들은 들어오는 수입이 딱 정해져 있다. 주어진 금액보다 더 많은 돈을 벌 방법이 없다. 다른 부수입을 올릴 수 있는 일을 생각할 수도 있지만, 공무원들은 자기 직장 외에 영리 활동을 하는 것이 금지되어 있다. 직업 외에 다른 영리 활동을 하면 징계를 받는다. 이런 상태에서 돈을 모으기 위해 취할 방법은 한 가지밖에 없다. 돈을 쓰지 않는 것, 그리고 쓰지 않은 돈을 모으는 방법이다. 즉 절약과 저축이다. 월급을 받아 생활하는 선생님들은 절약과 저축으로밖에 돈을 모을 수 없다. 자신들이 그렇게 살고 있으니 학생들에게도 절약과 저축을 이야기할 수밖에 없다. 그래서 학교에서는 돈을 버는 방법으로 절약과 저축 외에는 배울 수 없다.

돈을 벌기 위한 활동 중에 가장 중요한 것은 투자다. 투자를 해야 큰돈을 벌 수 있다. 부자가 되는 방법도 투자다. 투자란 어디든 앞으로 더 높은 가치가 생길 것으로 생각되는 곳에 먼저 돈을 투여하는 것이다. 지금은 가치가 낮지만, 앞으로 가치가 높아질 곳 말이다. 이런 곳을 찾아서 먼저 돈을 집어넣는 것이 투자다. 사람들이 가장 많이 말하는 투자는 주식 투자와 부동산 투자다. 지금은 싸지만 앞으로 오를 것 같은 주식을 선택해서 미리 사놓는 것이 주식 투자다. 앞으로 값이 더 오를 것으로 생각해서 미리 부동산을 사놓는 것이 부동산 투자다. 지금 싼 가격에 사서 시간이 지나 높은 가격으로 팔면 그에 따라 수익이 발생한다.

주식 투자와 부동산 투자가 일반적으로 많이 알려졌지만, 사실 투자 대상은 무한정하다. 앞으로 어떤 분야가 유망할 것으로 예상해서 그 분야에서 사업을 시작하는 것도 투자다. 금 가격이 올라갈 것으로 생각해서 금을 미리 사놓는 것도 투자고, 배춧값이 올가을에 비싸질 것으로 예상해서 봄에 미리 농가와 배추 구매 계약을 맺어두는 것도 투자다. 사람에 대한 투자도 있다. 지금은 능력이 부족하지만 앞으로 큰 능력을 발휘할 것으로 생각되는 사람에게 지금 잘해주고 도와주는 것도 투자다. 그 사람에게 공부를 더 시키거나, 자기 부하 직원으로 두는 것도 투자다. 지금은 어렵지만 유학을 가는 것도 자신에 대한 투자다. 직장을 그만두고 자격증 공부를 하는 사람도 자신에 대한 투자를 하는 셈이다. 어떤 것이든 앞으로 더 좋아질 것으로 예측되는 것, 앞으로 더 나아질 것으로 예상되는 것에 대해서 지금 자원을 투여하는 것이 투자다. 그리고 이렇게 투자를 해야만 부자가 될 수 있고 잘살 수 있게 된다.

사회에서 부자로 사는 이들은 모두 투자를 한 사람들이다. 삼성 같은 경우에는 반도체 부문에 투자해서 세계적인 기업으로 성장할 수 있었다. 현대는 자동차에 투자했다. 개인의 경우도 마찬가지다. 10년 전에 삼성 주식을 사서 지금까지 보유한 사람들은 모두 부자가 되었다. 2008년 정도에 삼성 주식을 산 사람도 지금까지 2배 이상의 수익을 올렸다. 2000년 초반에 부동산을 산 사람들은 몇 배로 재산이 뛰었고, 2008년경에 금, 은을 산 사람들도 높은 수익을 올렸다. 물론 투자를 해서 실패한 사람들도 많다. 하지만 성공한 사람들은 모두 투자를 잘한 사람들이다. 성공한 기업들도 투자를 잘한 기업들이다. 저축해서 성공한 기업은 없다. 마찬가지로 저축을 잘해서 부자가 된 개인도 없다.

이렇게 투자는 중요하다. 하지만 학교에서는 투자를 가르치지 않는다. 절약과 저축을 가르칠 뿐이다. 학교에서 투자를 가르치기 힘든 이유가 있기는 하다. 우선 학교에서 중요시하는 절약과 저축은 개념상 투자와 대립한다. 절약과 저축은 돈을 쓰지 말라고 한다. 하지만 투자는 돈을 쓰라고 한다. 절약과 저축은 꼭 필요하지 않은 곳에는 돈을 쓰지 말라고 한다. 하지만 투자는 미래의 불확실성에 대해 미리 돈을 쓸 것을 이야기한다.

그리고 학교는 과거의 지식을 주로 이야기한다. 하지만 투자는 미래를 대상으로 한다. 지금은 잘 모르지만 앞으로는 어떻게 될 것인가 하는 예측을 바탕으로 투자가 이루어진다. 과거의 지식을 바탕으로 지식을 가르치는 학교에서 손대지 않는 영역이 바로 투자다. 그런 불확실성 때문에 학교에서는 투자는 위험하다고 가르치고 저축하라고 권한다.

하지만 학교를 졸업하고 사회에 나오면 본격적으로 투자에 대해서 배워야 한다. 회사의 입장에서도, 개인의 입장에서도, 그리고 가정의 입장에서도 앞으로 더 나은 삶을 살기 위해서는 투자를 해야 한다. 물론 투자는 쉽지 않다. 돈을 잃을 가능성도 있다. 하지만 투자에 관해 공부하면 그런 위험을 줄일 수 있다. 기업의 투자 결정은 절대 도박으로 이루어지지 않는다. 모든 것을 다 고려해서 실패하더라도 회사가 망하는 일은 없도록 투자 의사결정을 한다. 마찬가지로 개인의 투자 의사결정도 그런 식으로 신중히 하면 그렇게까지 위험하지는 않다.

절약과 저축에 대해서는 학교에서 배운 지식만으로도 충분하다. 사회에서는 투자에 대해서 배우고 익혀야 한다.

경제 지식은 중요하지 않다 vs
경제 지식은 중요하다

학생 때는 경제에 대해서 잘 몰라도 된다. 왜 그런가? 수업 시간에 경제에 대해서 잘 배우지 않기 때문이다. 학생 때는 학교에서 가르치는 것만 중요하다. 학교에서 가르치는 것을 배워서 시험을 잘 보면 된다. 그게 학생이 하는 일이다. 그러다 보니 학교에서 가르치지 않는 것은 일부러 배울 필요가 없다. 학생들은 경제 지식에 대해서는 잘 알 필요도 없다. 그리고 알려고 하지도 않는다. 그럴 필요가 없기 때문이다.

대학에 들어가서도 마찬가지다. 경제학을 전공하는 소수 대학생을 제외하고는 경제를 배우는 사람들이 별로 없다. 경제학을 일부러 수강하지 않는 이상 경제에 대해서 특별히 알아야 할 일도 없다. 경제에 대해서 아무것도 알지 못하더라도 대학을 졸업하는 데 아무 지장이 없다.

하지만 사회에 나와서는 경제에 대한 지식이 상당히 중요해진다. 경제학 전공이 아니라 하더라도 전체적인 경제가 어떻게 굴러가는가를 알아야만 한다. 최소한 한국의 경제적 분위기가 어떤지는 알아야 한다. 그래야만 사회에서 살아가면서 어느 정도 제대로 된 판단을 할 수 있게 된다.

경제에 대해서 알아야만 하는 이유는, 이 세상을 제대로 살아가기 위해서는 돈을 버는 방법뿐만 아니라 돈을 운용하는 법도 알아야 하기 때문이다. 대학 때 전공한 분야는 돈을 벌게 해줄 수 있다. 법학을 전공한 사람들은 법으로 돈을 번다. 음대를 졸업한 사람들은 음악으로 돈 버는 길을 뚫는다. 국문과를 졸업한 사람들은 작가나 카피라이터가 돼서 돈을 벌 수 있다. 자기 전공 분야에서 열심히 한 사람들은 그 분야에서 돈을 벌 수가 있다. 소위 그 분야의 프로가 된다. 중고등학교, 대학교를 거쳐 공부한 것은 학생을 그 분야의 프로가 되게끔 도와준다. 즉 그 분야에서 돈을 벌 수 있게 해준다. 특별한 전문가가 아니라 일반 기업에 취업하는 경우라도 대학 때 배운 전공 지식이 바탕이 된다. 학생 때 배운 지식은 궁극적으로 일자리를 찾게 하고 돈을 벌게 해주는 지식이다.

그런데 세상을 살아가기 위해서는 돈을 버는 지식만 있어서는 안 된다. 돈을 운용하는 지식도 있어야 한다. 사자는 배가 고프면 얼룩말을 사냥한다. 얼룩말을 잡으면 바로 그 얼룩말을 먹고, 먹다가 배가 부르면 남기고 간다. 그 고기를 저장해서 다음에 배고플 때 꺼내

먹겠다는 생각을 하지 못한다. 먹을 것을 저장하는 것, 즉 저축하고 관리하는 것에 대해서는 전혀 알지 못한다. 사실 사자가 고기를 관리하지 못하는 것은 고기가 바로 썩기 때문이다. 냉장고가 없는 열대 우림에서 얼룩말은 죽으면 바로 썩기 시작한다. 얼룩말을 바로 먹어야지, 하루 이상 지나면 썩어서 더는 먹을 수 없다. 자기가 잡은 고기를 관리하고 운용하는 것이 불가능하다. 그래서 사자는 배가 고프면 그때마다 사냥을 나갈 수밖에 없다. 미리 고기를 잡아놓고 나중에 먹는다는 개념이 없다.

돈을 벌기만 하고 운용할 필요가 없는 사람들도 있다. 하루 벌어 하루 먹는 사람들이다. 그날 먹을 것을 벌고, 하루 일당을 벌면 그날 다 써버린다. 그러면 그다음 날 다시 또 먹을 것을 구하기 위해 하루 일당의 일을 한다. 이럴 때는 돈을 운용하고 관리할 필요가 없다. 관리할만한 돈이 없기 때문이다. 하지만 이렇게 관리할 돈이 없는 경우에는 나중에 상당히 어려운 처지에 빠질 수 있다. 몸이 아파 일을 못하면 굶게 된다. 나중에 나이가 들어서 일하기 힘들어지면 그냥 굶을 수밖에 없다. 그러므로 사람들은 돈을 관리하고 운용할 필요가 있다. 나이가 들어서 더는 돈을 벌지 못하는 상황이 되어도 제대로 살아가기 위해서는 지금 버는 돈을 제대로 관리하고 운용할 능력이 필요하다.

돈을 벌기 위해서는 자기 분야에 대한 전문 지식이 필요하다. 자기 분야에 대한 전문적인 지식이 돈을 벌어준다. 하지만 돈을 버는 것과 돈을 관리하고 운용하는 것은 별개의 문제다. 돈을 많이 번다고 해서 돈을 제대로 관리할 수 있는 것은 아니다. 돈을 제대로 관리하고 운용하기 위해서는 경제 지식이 필요하다. 경제 지식이 있어야만 자기가 번 돈을 잃지 않고 제대로 보관할 수 있다.

돈을 불리기 위한 지식은 투자다. 부자가 되고 잘살려면 투자가 필요하다. 투자에 대한 경제 지식 또한 필요하다. 그런데 투자를 하지 않는다면 경제 지식이 불필요할까? 그렇지 않다. 투자를 하지 않는다 하더라도 돈을 관리하고 운용하기 위한 경제 지식은 필요하다. 투자는 돈을 더 벌기 위한 경제 지식이다. 그리고 돈을 관리하고 운용하는 것은 돈을 유지하고 잃지 않기 위한 경제 지식이다. 투자에 대한 경제 지식과 돈을 관리하고 유지하기 위한 경제 지식은 다르다. 투자는 하지 않더라도 최소한 자기가 번 돈을 그대로 유지하기 위해서만이라도 경제 지식은 꼭 필요하다.

투자에 대해 학교에서 가르쳐주지 않듯이, 돈을 관리하고 운용하는 것에 대해서도 학교에서 가르쳐주지 않는다. 기껏해야 절약하고 저축하라는 것이 돈에 대해 학교에서 배우는 전부다. 저축을 열심히 한다고 해서 부자가 되지는 않는다. 그러면 부자가 되지는 않더라도 최소한 저축만 하면 현재의 재산을 유지는 할 수 있지 않을까?

그렇지 않다. 돈을 버는 건 쉽지 않다. 마찬가지로 돈을 유지하는 것도 그렇게 쉬운 일은 아니다. 저축해서 돈이 유지된다는 말은 자기가 저축한 금융 기관이 100퍼센트 안전할 때만 맞다. 자기가 저축한 은행이나 저축은행, 증권회사, 보험회사가 안전할 때만 맞는 말이다. 그런데 요즘은 금융 기관이 망하는 일이 잦다. 지난 몇 년 사이에 10개 가까운 저축은행이 망했다. 종합금융회사도 여러 곳 문을 닫았다. 은행은 비교적 안전해 보인다. 하지만 은행에서 판매하는 금융 상품의 종류도 여러 가지다. 은행에서 판매한 펀드가 망해서 원금을 돌려받지 못하는 경우도 허다하다. 저축은행이나 종합금융회사보다 은행이 훨씬 더 안전하다고 생각해서 은행에만 저축했는데, 은행의 저축 상품이 망해서 자기 돈을 날린 사람들도 쉽게 찾아볼 수 있다.

그리고 그 안전하다는 은행도 망하는 일이 있다. 외국에서는 은행이 망하는 경우가 많다. 한국에서도 은행이 망하기는 하지만, 대부분 정부가 구제를 해주기 때문에 크게 이슈가 되지 않는다. 특히 금융 기관이 망하더라도 5000만 원까지는 정부가 보장을 해주기 때문에 예금이 안전한 것으로 생각한다. 그러면 5000만 원까지 정부가 보장해주니 저축 예금은 안전한 걸까? 평생 5000만 원까지만 저축할 건가? 5000만 원만 가지고 있으면 노후에 안전하게 생활해나갈 수 있는가? 어림도 없다. 돈을 더 모아야 하고, 그러면 그 돈을 어떻게 관리하고 운용해나갈 것인가 하는 문제에 부딪히게 된다. 지금은 돈을 벌지만, 나중에 나이가 들어 돈을 벌 수 없는 상황을 대비하여 돈을 관리하고 운용하는 법을 알아야 한다. 돈을 더 많이 벌기 위한 투자 지식은 제쳐 두고라도 최소한 돈을 관리하고 운용하는 지식은 필요하다.

돈을 운용하고 관리하기 위해서는 경제 지식이 필수다. 현재 경제가 어떻게 돌아가고, 어떤 방향으로 움직이는지, 최소한 지금 경제 상황이 호황인지 불황인지, 그리고 호황을 향해 가고 있는지 불황을 향해 가고 있는지 정도는 알아야 한다. 미국의 이자율이 어느 정도인지, 한국은행의 기준 이자율이 어느 정도인지, 그리고 이자율이 오르거나 내리면 전체 경제가 어떻게 변화하는지는 알아야 한다. 지금 한국의 수출과 수입이 어느 정도 규모이고, 어떤 상품이 수출되고 수입되는지, 그리고 그 수출과 수입이 증가하고 있는지 감소하고 있는지도 알아야 한다. 그래야만 돈을 어떻게 운용하고 관리해야 하는지에 대한 최소한의 지식을 얻을 수 있다. 이런 지식을 안다고 해서 부자가 되는 것은 아니지만, 최소한 자기가 번 돈이 순식간에 날아가는 일은 막을 수 있다. 경제 위기는 어느 날 한순간에 오지 않는다. 은행이나 금융 기관이 망하는 것도 어느 날 갑자기 일어나지 않는다. 전체적인 경제 분위기를 알고 있으면 자신의 예금을 송두리째 날리는 일은 피할 수 있다.

그래서 경제 지식은 중요하다. 돈을 벌기 위해서가 아니라 돈을 유지하기 위해서 중요하다. 하지만 학교에서는 돈을 유지하고 관리하는 법에 대해서 가르쳐주지 않는다. 학교를 졸업한 이후에는 경제가 전체적으로 어떻게 움직이고 있는지, 그리고 그에 따라 내가 어떻게 대처해야 하는지를 스스로 배워 나가야 한다.

5장

예비 미생들이
꼭 알아야 할
공부에 대한 진실

학점은 중요하다 vs
학점은 중요하지 않다

학생들은 학점이 중요하다고 생각한다. 사실 학점이 좋아야 우수한 학생이다. 학점이 좋아야 장학금이나 우등상을 받을 수 있다. 그리고 학점이 좋아야 나중에 취업도 잘된다고 믿는다. 그래서 많은 학생, 아니 대부분의 학생이 학점 관리를 한다. 학점을 잘 받기 위해서 시험공부를 하고, 학점을 잘 주는 교수의 수업을 찾아다닌다. 대학생들이 수강과목을 선택하는 가장 중요한 기준은 그 과목을 내가 얼마나 좋아하는지가 아니다. 이 과목이 나에게 얼마나 도움이 될까도 아니다. 그것은 그 과목 교수가 학점을 얼마큼 주느냐다. 최소한의 노력으로 좋은 학점을 받을 수 있는 과목이 인기 과목이 된다.

학점과 시험점수를 중요시하는 것은 대학생만의 일이 아니다. 시험점수는 초등학교 때부터 계속 따라다니는 문제였다. 초등학생, 중학생, 고등학생 때까지 시험점수가 몇 점인지, 그리고 등수가 몇 등인지가 가장 중요한 문제였다. 등수를 알려주는 것이 초등학생, 중학생들에게 부작용을 일으킨다고 해서 학교에서 등수를 발표하지 않기도 한다. 그러나 학생들끼리는 정보를 교환한다. 학교에서 공식적으로 등수를 발표하지 않아도 학생들 사이에서는 누가 몇 점이고 몇 등인지, 누가 공부를 잘하고 누가 공부를 못하는지 다 파악하고 있다. 그리고 그 성적에 따라 알게 모르게 학생들 사이의 서열이 정해진다.

초등학생 때부터 대학생 때까지 시험점수와 학점은 학생들에게 가장 중요한 평가 기준이다. 시험점수에 따라 등수가 정해지고 성적 서열이 생긴다. 중학교 때 시험점수는 과학고, 외고 같은 특목고에 들어갈 수 있는지 아닌지를 결정하는 요소가 된다. 학생들 사이에서 우등생이 되느냐 열등생이 되느냐를 결정짓는 기준이다. 그리고 고등학교 때 시험점수는 어느 대학에 들어갈 수 있느냐를 결정하는 요인이다. 이렇듯 시험점수와 학점은 학생들에게 제일 중요한 가치가 된다.

그래서 학생들은 대학에 들어와서도 학점을 중요하게 생각하고 높은 학점을 받기 위해서 노력한다. 배우고 실력을 쌓는 게 목적이 아니라 높은 학점이 목적이 된다. 이런 학생들의 행동을 뭐라 할 수는 없다. 대학생들은 철들기 전인 초등학생 때부터 성년이 된 지금까지 10년이 훨씬 넘게 시험점수와 학점이 중요하다고 생각하며 살아왔기 때문이다.

하지만 시험점수와 학점이 중요한 것은 고등학생 때까지만이다. 사실 대학에서부터는 학점이 그렇게 중요하지 않다. 그리고 대학을 졸업하고 나서부터는 학점이 아무런 소용이 없다. 중학교에서 시험점수는 특목고에 들어갈 수 있는지 아닌지를 결정한다. 그리고 고등학교에서 시험점수는 어느 대학에 들어갈 것인가를 좌우한다. 하지만 대학에서 학점은 장학금을 받느냐 아니냐를 판가름할 뿐이다. 그 이상의 가치는 없다. 무엇보다 대학 학점은 대학 졸업 후의 인생을 결정하지 않는다.

고등학교 때 시험점수가 중요한 이유는 그다음 인생 경로인 대학에서 시험점수로 학생을 뽑기 때문이다. 시험점수 그 자체가 중요성을 가지고 있는 게 아니라, 대학에서 성적으로 학생을 뽑기 때문에 그 자격을 갖추는 데 필요하다. 대학을 졸업한 다음에는 사회에 진출한다. 그런데 사회에서는 사람을 점수로 선발하지 않는다. 대학 때 학점이 어떤가를 기준으로 사람을 뽑지 않는다. 그러므로 대학 학점은 사회에서는 아무런 의미가 없다.

대학에서 학점은 일정 수준 이상만 되면 된다. 사실 나의 개인적인 생각으로는 학점이 3.0만 넘으면 별 상관이 없다고 본다. 좀 더 욕심을 낸다면 3.5 이상을 목표로 하는 것도 괜찮다. 하지만 3.5 이상의 학점을 받기 위해서 특별히 노력할 필요는 없다고 생각한다.

대학에서는 2.0 이하의 학점을 받으면 졸업이 어려워지니 곤란하다. 설령 대학에 따라 졸업할 수 있다 해도 심각한 일이다. 2.0 이하의 점수를 받았다는 것은 정말로 공부를 안 했다는 뜻이다. 성실성에 문제가 있는 것으로 인식될 수 있다. 대학에 다니는 한 2.0 이하의 학점을 받는 건 좀 그렇다.

2.0~3.0의 학점을 받으면 사회생활에 특별한 문제는 없다. 하지만 나중에 '공부 좀 더 할 걸' 하는 후회가 생길 수 있다. MBA 등 대학원에 들어가고자 할 때도 치명적인 단점이 될 수 있다. 또 대학을 졸업하고 처음 입사지원서를 넣고자 할 때 3.0 이상만 지원 가능한 경우도 많다. 입사지원서를 낼 때 제약이 있는 것이다.

학점이 3.0 이하일 때는 입사지원서를 낼 수 있는 회사의 범위가 줄어든다는 것이지 취업 자체가 불가능하지는 않다. 하지만 대학에서 평점 3.0 이상은 그렇게 특별한 노력을 하지 않아도 일정 수준만 하면 받을 수 있는 점수다. 가능하면 3.0은 넘기는 게 좋다.

3.0 이상에서 하나의 선을 더 긋는다면 3.5다. 대기업이나 좋은 회사의 경우 신입사원 모집에서 3.5 이상을 요구할 때가 있다. 더 좋은 기업에 지원할 수 있도록 3.5 이상 받는 것도 괜찮다.

여기까지가 최상이다. 3.5 이상이면 나중에 어디서 무얼 하더라도 자격 조건에 딸리는 경우는 없다. 3.5보다 3.8이 더 높은 학점이다. 4.0 이상 학점도 있다. 하지만 사회에서는, 그리고 회사에서는 학점이 높은 사람을 뽑는 게 아니다. 학점은 그냥 참고자료이고 자격 조건일 뿐이다. 3.5 이상의 자격 조건이라면 3.5 이상이면 모두 똑같이 취급한다. 3.5나 3.8이나 4.0이나 모두 같은 선에 놓고 본다. 학점 3.5인 학생과 3.8인 학생이 있을 때, 학점이 조금 높다고 해서 3.8인 학생을 뽑지는 않는다. 대학 학점을 보고 사람을 뽑는 회사는 없다.

그나마 학점이 사회에서 조금이나마 영향을 미치는 것은 처음 입사지원서를 쓸 때뿐이다. 그 이후 사회생활을 하면서부터는 학점이 아무런 영향을 미치지 못한다. 처음 입사지원서를 쓸 때 필요하다면 중요한 게 아니냐고 항변할 수도 있다. 하지만 한번 회사에 들어간 이후 그다음에 회사를 옮기고자 할 때부터는 학점을 안 본다. 즉 경력직부터는 학점이 아무 의미 없다는 말이다. 경력직부터는 해당 업무를 할 수 있느냐를 보고 사람을 뽑지, 학점으로 뽑지 않는다. 이력서에 대학 학점을 쓰는 난이 있을지 몰라도 경력직부터는 단지 참고 자료일 뿐이다.

처음 들어가는 회사가 매우 중요하다면 입사지원서에 써야 하는 학점이 중요하다고 볼 수도 있다. 하지만 지금 삼성 같은 대기업의 인력 채용 비중을 보면 신입사원 50퍼센트, 경력사원 50퍼센트다. 대기업에 들어가도 3년 만에 퇴직하는 비율이 상당히 높다. 즉 실제 사회에서 인력 모집은 신입사원보다는 경력직 우선으로 돌아간다. 처음 입사지원서를 쓰는 일은 인생 전체를 볼 때 그렇게 중요한 일은 아니다.

학교에 다닐 때는 같은 반 학생들이 공부 잘하는 우등생과 공부 못하는 열등생으로 구분되었다. 그래서 성적이 중요했다. 하지만 사회에서는 공부 잘하는 사람과 공부 못하는 사람으로 구분하지 않는다. 상대방이 어디서 무슨 일을 하느냐가 중요하지, 공부를 잘했느냐 못했느냐는 상관없다. 사회에 나가서는 대학 때 학점이 어땠는지, 공부를 잘했는지 못했는지는에 대해서는 입에 담을 일조차 없다.

학점이 중요한 것은 학교에서만이다. 학교에서는 사람을 학점으로 평가한다. 그래서 초등학교, 중학교, 고등학교, 대학교에서는 시험 성적과 학점이 중요했다. 그러나 사회에서는 사람을 학점으로 평가하지 않는다. 학점은 학교 다닐 때나 의미가 있는 것이지 사회에 진출한 다음부터는 아무런 소용이 없다.

다만 한 가지 사실을 짚고 넘어가야겠다. 학점은 학교에서는 중요한 가치라고 했다. 그래서 대학을 졸업한 다음에 대학원에 진학하고자 한다면 학점은 여전히 중요하다. 외국 MBA나 로스쿨에 들어가겠다는 목표가 있거나 학업을 계속하고자 한다면 학점이 중요하다. 하지만 이것도 평점 3.7 이상만 받으면 충분하다. 4.0 이상을 받으려고 아등바등할 필요는 없다. 학점은 3.0, 3.5 등 일정 수준만 넘으면 된다. 학점이 높다고 해서 특별히 더 좋아질 일은 없다.

토익 점수가 높아야 한다 vs
토익 점수는 상관없다

학생들에게 있어 영어 공부는 보통 토익 시험 준비를 뜻한다. 토익이 몇 점이냐는 영어 실력을 드러내는 중요한 지표다. 그래서 토익 점수를 높이려고 열심히 영어 공부를 하고 있다. 고등학교에서도 텝스 공부를 하는 학생이 많다. 대학에서도 특정 대학교 대학원을 지원하기 위해 텝스가 필요한 경우가 있다. 또 유학을 가려는 계획이 있을 때는 토플 공부를 한다. 하지만 현재 영어 공부의 대세는 토익이 되어버렸다. 토익 점수가 몇 점이냐가 영어를 얼마나 잘하느냐를 판단하는 기준으로 작용한다. 현실적으로 영어 공부를 한다고 하면 많은 경우 토익 공부를 하는 것이 되어버렸다. 토익 점수를 높이는 것이 많은 이들의 영어 공부 목적이 되어버렸다.

영어 공부를 해서 토익 점수를 높이고자 하는 것까지는 괜찮다.

그런데 학생들은 영어 공부 자체보다 혹은 영어 실력 자체보다 토익 점수 그 자체를 목적으로 한다. 영어회화는 전혀 못하면서도 토익 점수를 잘 받는 것에는 혈안이 된다. 영어책이나 영어신문은 전혀 보지 않고 토익 문제집만 본다.

학생들은 끊임없이 토익 점수를 높이려고 노력한다. 토익 700점이 나오는 학생은 800점을 받으려 하고, 840점이 나오는 학생은 900점을 받으려고 한다. 그리고 900점을 받으면 950점 이상을 받으려고 노력한다. 토익 920점을 받는 사람은 960점 받는 사람보다 영어를 못하는 사람이다. 그러니 920점 받은 사람은 960점 넘게 받을 수 있도록 토익 공부를 더 해야 한다. 이런 식으로 만점인 990점 가까운 점수를 받기 위해서 끊임없는 노력하고 있다.

학생 때는 점수가 중요하다. 85점 받은 학생과 88점 받은 학생이 있으면 88점을 받은 학생이 등수가 높다. 92점 받은 학생과 96점 받은 학생이 있으면 96점 받은 학생이 더 우수한 학생이다. 둘 다 90점을 넘었다고 해서 같은 실력이 아니다. 92점과 96점 사이에는 분명히 차이가 존재한다. 등수 차이가 나고, 그에 따라 내신 등급도 갈릴 수 있다. 대학에서도 마찬가지다. 같은 A+라 하더라도 96점 A+와 98점 A+는 다르다. 같은 A+라도 이 차이에 따라 등수가 갈리고, 그에 따라 장학금을 받느냐 못 받느냐가 결정된다.

학생의 성적을 측정하는 기본적인 방식은 상대평가다. 상대평가를 하는 이상 점수가 정확히 몇 점이냐가 중요하다. 상대평가에서 중요한 것은 다른 학생들보다 얼마나 더 우수한가 하는 점이기 때문이다. 다른 학생이 96점을 받았다면, 나에게 중요한 것은 96점보다 더 높은 점수를 받을 수 있느냐이다. 96점보다 더 높은 점수를 받으면 내가 원하는 고등학교나 대학교에 들어갈 수 있다. 하지만 95점을 받으면 그 학생보다 뒤처지게 된다. 같은 곳에 지원하면 나는 떨어진다. 이런 상대평가에서는 어떤 실력을 갖추고 있느냐가 중요한 것이 아니라 다른 학생보다 점수가 높은가 낮은가가 더 중요하다. 그래서 점수 그 자체가 중요하다. 다른 사람들보다 10점이라도 더 높은 점수를 받는 게 중요하다. 그래서 학생들은 계속 토익을 공부한다. 토익 900점이 넘어도 계속 토익 공부를 한다. 취직이 확정될 때까지 계속 토익 점수를 높이기 위해서 노력한다.

그러나 사회에서는 토익 점수가 그렇게 중요하지 않다. 특히 영어를 업무에 활용하는 사람들의 경우에는 토익 점수는 정말 아무 의미가 없다. 외국계 회사, 무역 회사, 기업에서 외국과 거래하는 부서에서는 영어를 사용해야 한다. 하지만 이때 중요한 것은 정말로 영어로 의사소통을 할 수 있는가다. 토익 점수가 얼마냐는 상관없다. 토익 공부를 해본 사람은 토익 점수가 영어회화 능력과는 별 관계가 없다는 것을 잘 알고 있다. 토익 공부를 하는 사람들은 영어로 말하고 듣는 게 중요하지 않다. 토익 점수가 더 높게 나오는 게 유일한 관심사다. 그래서 토익 점수는 높지만, 영어로 대화할 수 없는 사람들이 많다. 오히려 토익 점수는 낮지만, 영어로 말할 수 있는 사람들이 많이 있다. 영어를 사용하는 직종에서 꼭 필요한 사람은 토익 점수가 높은 사람이 아니라 영어로 의사소통을 할 수 있는 사람이다.

영어를 업무에 활용하지 않으면서도 토익 점수를 요구하는 경우가 있다. 바로 기업이 입사지원서를 받을 때다. 많은 기업이 입사지원서의 조건으로 토익 점수를 요구한다. 토익 700점 이상 혹은 800점 이상의 점수를 조건으로 내건다. 사실 학생들이 토익 점수를 받기 위해 열심히 공부하는 것은 이렇게 기업이 입사 조건에 토익 점수를 붙이기 때문이다.

하지만 이때 학생들이 착각하곤 한다. 학생들은 기업이 토익 700점 이상을 지원 조건으로 제시했다면, 700점보다는 800점이 더 높은 평가를 받을 것으로 생각한다. 800점보다는 900점이 넘으면 더 좋은 평가를 받아 회사에 취직할 확률이 높아질 거로 생각한다. 또한, 900점보다는 950점이 훨씬 더 취직할 확률이 높다고 여긴다. 그래서 기업이 토익 700점 이상이라는 기준을 제시했는데도 그보다 더 높은 점수를 받기 위해서 토익 공부를 한다.

기업이 토익 700점 이상 받은 사람만 지원 가능하다고 할 때, 토익 700점이 안 되는 사람들은 전형에서 제외해버린다. 하지만 토익 700점이 넘는 사람은 똑같이 본다. 기준 점수를 넘은 사람들은 더는 판단하지 않는다. 이때부터는 지원자의 특성, 자기소개서, 개성, 능력 등을 본다. 토익 950점이 넘었다고 해서 그 사람을 뽑아야겠다고 생각하지는 않는다. 토익 700점이 지원 조건일 때는 정말 토익 700점만 넘으면 된다. 이때부터는 토익 점수가 더 높을 필요는 없다.

미국 유학을 갈 때도 마찬가지다. 미국 학교에서는 토플 성적을 요구한다. 토플 100점 이상 지원 가능하다고 했을 때 토플 100점만 넘으면 된다. 그런데 한국에서는 토플 100점이 넘지만 110점을 받으면 더 유리할 거로 생각하면서 토플 공부를 더 하고 있다. 한국의 학생들은 그럴 수도 있다. 등급이 같다고 해서 같은 등급이 아니다. 한 문제라도 더 맞추는 사람이 더 공부 잘하는 사람으로 꼽힌다. 하지만 이건 한국의 학교에서만 적용되는 기준이다. 외국에서는 그렇게 계산하지 않는다. 토플 100점이라는 기준만 넘으면 그다음부터는 다른 기준을 적용해서 사람을 선발한다. 한국 사회도 마찬가지다. 토익 '700점 이상 지원 가능'이라는 조건을 붙였으면, 토익 700점만 넘으면 모두 같다고 본다. 그다음부터는 다른 기준을 근거로 사람을 선발한다.

한국에서 아무리 취직에 토익 점수가 중요하다고 해도, 회사에서 토익 900점 이상만 지원할 수 있다는 식의 조건을 붙인 경우는 없다. 공무원 시험, 사법시험, 공인회계사 시험 등에서도 영어 점수는 토익 700점만 넘으면 된다. 특별한 업종에서는 토익 800점 이상을 요구하기도 한다. 그러면 토익 700점이나 800점을 넘길 때까지만 토익 공부를 하면 된다. 그 이상으로 토익 점수를 계속 높이려는 것은 시간 낭비다. 물론 영어 공부를 계속하는 것이라면 낭비는 아니다. 하지만 취직을 위한 토익 점수만을 계속 올리려고 하는 것은 분명히 시간 낭비다.

그렇게 열심히 토익 공부를 해서 높은 점수를 받았는데도 취업이 안 되면 학생들은 불평한다. 800점이 넘는 토익 성적표를 제출했는데도 취업이 안 된다. '이렇게 토익 점수가 높은데 왜 떨어지는 건가?

토익 점수가 더 높아야 되는구나'라고 생각하면서 더 토익 공부에 매달린다.

하지만 회사는 자기와 같이 일할 수 있는 사람을 뽑는 게 목적이지 토익 점수 높은 사람을 뽑는 데는 관심이 없다. 토익 점수는 영어 공부를 열심히 했다는 증표가 될 수는 있다. 하지만 회사에서는 일 잘할 사람을 뽑으려 하지 공부 열심히 한 사람을 뽑으려 하지는 않는다. 점수가 높은 사람을 뽑는 곳, 공부를 열심히 한 사람을 뽑는 곳, 공부 잘하는 사람을 뽑으려는 곳은 학교다. 회사가 아니다. 회사에서는 자격 조건 점수만 넘으면 된다.

만약 여러분이 한국에서 대학원에 진학하려 한다면, 로스쿨 같은 곳에 들어가려고 하면 이때는 더 높은 토익 점수를 받는 것이 유리하다. 로스쿨도 토익 700점 이상을 지원 자격 조건으로 하고 있다. 하지만 정말로 700점짜리 성적표를 제출했다간 100퍼센트 떨어진다. 학교에서는 토익 700점을 자격 조건으로 했다 하더라도 토익 점수가 높을수록 입학 점수가 더 높아진다. 다른 사람들이 900점 넘는 토익 성적표를 제출했는데 나만 700점 성적표를 제출하면 떨어질 확률이 높다고 봐야 한다. 하지만 회사에서는 그렇지 않다. 회사에서 토익 700점 이상이 자격 조건일 때, 토익 700점이나 900점이나 같이 본다. 일정 기준만 넘기면 사회에서 토익 점수 차는 그렇게 중요하지 않다.

정리하면 이렇다. 회사에서 지원 자격으로 요구하는 점수대를 넘는 데까지만 토익 공부를 하면 된다. 그리고 자신이 하고자 하는 일이 토익 점수가 아닌 영어 능력을 요구할 때는, 즉 외국계 회사나 무역 회사, 외국과의 협업 부서 같은 곳에서 일을 하고자 할 때는 토익 점수를 위한 공부와 더불어 독해는 물론 회화와 작문까지, 실제 활용할 수 있는 영어 공부에 힘써야 한다.

자격증이 많으면 좋다 vs
대부분의 자격증은 쓸모없다

학생들이 취업 준비를 하면서 관심을 두는 분야 중 하나가 자격증이다. 자격증이 있으면 취업이 잘되고 자격증이 없으면 취업이 어려운 것으로 생각한다. 자격증이 있으면 그 분야에 대해 실력이 있고 능력을 갖춘 것으로 여긴다. 또 취업지원서를 쓸 때 자격증 난에 쓸 게 많아야 한다고 생각하고, 지원서 자격증 난에 쓸 게 하나도 없으면 취업이 어려울 것으로 본다. 그래서 많은 학생이 자격증을 취득하기 위해 이런저런 공부를 하고 있다.

그러나 사회의 시각, 직장인의 시각에서 볼 때 자격증 중에서 정말로 의미 있는 자격증은 별로 없다. 대부분은 있으나 마나 한 자격증이다. 있으나 마나 한 자격증은 아무리 열심히 공부해서 땄다고 하더라도 별 필요가 없다. 그 자격증을 가지고 있다고 해서 그 사람을 부러워하는 것도 아니고, 그 분야에 대해 실력이 있다고도 생각하지 않는다. 더구나 '그 자격증을 가지고 있으니 이 사람을 채용해야겠다'고 생각하지도 않는다.

자격증은 정말로 좋은 것을 가지고 있을 때만 의미가 있다. 있으나 마나 한 자격증을 가지고 있는 것은 아무 도움이 되지 않는다. 게다가 그런 의미 없는 자격증을 여러 분야에 많이 가지고 있는 것은 오히려 마이너스다. 정말 중요한 일을 하지 않고 별 필요 없는 일만 하면서 시간을 보냈다는 증거가 될 수 있다. 자격증은 정말 중요한 한두 개면 충분하다. 자격증이 있어도 쓸 데가 없는 자격증은 있으나 마나다. 그런 자격증을 따기 위해서 공부하는 것은 한마디로 시간 낭비다.

그러면 어떤 자격증이 좋고 어떤 자격증이 있으나 마나 한 것일까? 일단 정말로 가치 있는 자격증은 어떤 업무를 하기 위해서 그 자격증이 꼭 있어야만 하는 경우다. 그 자격증을 가진 사람들만 그 업무에 종사할 수 있는 경우 말이다. 의사가 되기 위해서는 의사 자격증이 있어야 한다. 간호사 업무를 하기 위해서는 간호사 자격증이 있어야만 한다. 변호 업무를 하기 위해서는 변호사 자격증이 있어야 한다. 회사에서 회계 감사를 하기 위해서는 공인회계사 자격증이 있어야 하고, 세무 업무를 하기 위해서는 세무사 자격증이 있어야 한다. 공인중개 업무를 하기 위해서는 공인중개사 자격증이 있어야 하고, 특히 관련 업무를 하기 위해서는 변리사 자격증이 있어야 한다.

공무원이 되기 위해서는 공무원 시험에 합격해야 하니, 공무원 시험도 자격증의 일종으로 볼 수 있다. 또 박사 학위를 가져야만 교수, 연구원 등으로 취업할 수 있다. 이렇게 보면 박사 학위도 자격증이다. 이런 자격증들은 있으면 분명히 유리하다. 이런 자격증이 있으면 평생 그 업무를 하면서 지낼 수 있다. 평생이 보장되는 자격증이다.

이런 자격증을 따면 분명히 취직하기 쉽다. 그런데 이런 자격증들은 따기 어렵다. 몇 달 공부해서 되는 것이 아니다. 1년 만에 딸 수 있는 자격증도 없다. 최소한 2년 이상은 공부해야 이런 자격증을 취득할 수 있다. 2년 이상 공부해도 자격증을 딸 수 있다는 보장이 없다. 많은 사람이 이런 자격증을 따기 위해서 몇 년간 계속 공부를 하고 있다.

이런 자격증들을 둘 이상 갖는 것은 정말 어렵다. 그래서 이런 자격증을 두 개 이상 가지고 있으면 매우 유능한 사람으로 인정받는다. 변호사 자격증과 공인회계사 자격증을 함께 가지고 있으면 굉장히 유리하다. 세무사 자격증과 박사 학위를 동시에 가지고 있으면 그 분야의 전문가로 인정받을 수 있다. 이런 자격증들은 많으면 많을수록 좋다. 하지만 이런 자격증들을 많이 가지기 위해서는 상당한 노력이 필요하다. 그런데 사실 그럴 필요성이 많지는 않다. 하나의 자격증만으로도 충분히 활동하면서 살 수 있기 때문이다.

있으나 마나 한 자격증은 그 자격증이 없더라도 그 업무를 하는 데 큰 지장은 없는 경우다. 어떤 업무를 할 때 그 자격증이 있어도 할 수 있고 없어도 할 수 있는 경우에는 자격증이 있으면 좋겠지만, 없더라도 큰 문제가 되지 않는다. 이런 자격증들은 자격증을 딴다고 해서 별로 달라지는 것이 없다. 자격증을 딴다고 해서 돈을 벌 수 있는 것도 아니고, 취업이 잘되는 것도 아니다. 그냥 자격증이 있다는 것뿐이다.

물론 이런 자격증들은 있으면 좋다. 하지만 없다고 해서 문제가 되지는 않는다. 특히 이런 자격증들은 자격증이 있다고 해서 그 분야의 전문가라는 것을 보장하지 않는다. 앞에서 언급했듯이 그 자격증이 있어야만 그 업무를 할 수 있다면 자격증을 가진 사람은 그 분야 전문가로 인정받는다. 방금 변호사 자격을 딴 초짜 변호사라 하더라도 일단 변호사 자격증을 가지고 있으면 그 사람은 법률에 대한 전문가로 본다. 박사 학위를 가진 사람은 어제 박사 학위를 받았다 하더라도 그 분야에 대해 전문성이 있는 것으로 본다. 하지만 자격증이 업무를 하기 위한 필수 조건으로 인정되지 않는 자격증은 그 자격증이 있다고 해서 그 분야의 전문가로 인정받지 못한다.

사실 이런 종류의 자격증은 그 분야에 대한 전문성을 인증하는 것이 아니라, 그 분야에 대해 최소한의 지식을 갖추었음을 나타낼 뿐이다. 그 분야에서 꼭 알아야 할 최소한의 지식을 갖추었다고 인정되면 자격증을 발급한다. 그래서 이런 자격증들은 보통 70시간에서 100시간 정도 그 분야를 공부하면 취득할 수 있게 설계되어 있다. 누구라도 그 분야에서 100시간 정도 투입해서 공부하면 자격증이 나온다. 그래서 이런 자격증들은 따기가 쉽다. 하나의 자격증을 따기 위해서 몇 년 동안 공부할 필요가 없다. 하루에 한두 시간씩 몇 달 공부하면 충분히 가질 수 있다.

하지만 이런 자격증들은 사회에서 큰 의미가 없다. 특히 기업은 이런 자격증을 가지고 있다고 해서 그 사람을 뽑아야겠다고 생각하지 않는다. 많아야 100시간 정도면 그 자격증을 딸 수 있다. 그리고 그 자격증은 그 분야의 전문가라는 것을 말해주는 것이 아니라 그 분야의 신참자로서의 지식은 갖추었다는 것을 말할 뿐이다. 자격증을 가지고 있다고 해서 이미 그 분야에서 업무를 수행하고 있는 기존 직원들보다 더 많이 알고 있는 것도 아니다. 이런 자격증 정도의 지식은 그냥 아무나 사람을 뽑아서 두세 달만 회사에서 데리고 있으면 갖출 수 있는 수준이다. 회사에서는 하루에 8시간씩 그 업무를 한다. 그럼 10일이면 80시간, 한 달에 20일 근무를 하면 160시간 그 업무를 하는 셈이다. 따라서 신입사원을 한 달 공부시키면 이런 자격증보다 더 깊은 수준의 지식을 가르칠 수 있다.

솔직히 특정 자격증을 딴 사람보다 그 현장에서 한두 달 일한 사람이 훨씬 더 많이 아는 사례도 많다. 그래서 회사에서는 이런 자격증을 가지고 있는 것에 큰 의미를 두지 않는다. 회사에서만이 아니라 사회 전체가 마찬가지다. 이런 종류의 자격증을 가지고 있다고 해서 전문가로 인정받지 못한다. 그래서 이 자격증으로 그 분야에서 먹고살기는 어렵다.

자격증이 있으면 분명 살기가 편해진다. 하지만 가지고 있을 때 살기가 편해지는 자격증은 정말 중요한 몇몇 자격증이다. 이런 자격증은 따기가 힘들다. 정말 열심히, 오랫동안 공부해야 한다. 아무리 공부를 열심히 해도 1년 안에 따는 것은 불가능하다. 2년 만에 따도 훌륭하다고 칭찬받는다. 그런데 이런 자격증이 있으면 평생이 보장된다. 평생 그 분야에서 전문가로 인정받으며 살 수 있다. 이런 자격증이 따기 쉬울 리가 없다.

자격증이 있으면 좋다고 한다. 그런데 전문 자격증은 따기 힘들다. 그래서 많은 학생이 따기 쉬운 자격증에 매달린다. 몇 달 공부하면 딸 수 있는 자격증 공부를 하고, 자격증이 많으면 더 좋을 거라 생각한다. 하지만 이런 자격증들은 따도 그만 안 따도 그만이다. 자격증이 있다고 해서 나쁠 것은 없지만, 그렇다고 좋아지지도 않는다. 학생 때는 이런 종류의 자격증도 의미 있다고 생각하기 쉽다. 하지만 사회에서 이런 자격증들은 별로 힘이 없다. 자기가 특별히 관심이 있고 좋아하지 않는 한 일부러 이런 자격증을 따기 위해 노력할 필요는 없다.

학생은 아마추어의 지식 vs
직장인은 프로의 지식

공부를 매우 잘하는 고등학교 1학년생이 있다고 하자. 1년이 지나면 학년이 바뀌어 고등학교 2학년이 된다. 그럼 공부 잘하는 고등학교 1학년생은 공부 잘하는 고등학교 2학년생이 된다. 1학년 때 공부를 잘하는 학생은 2학년이 돼도 공부를 잘한다. 3학년이 되어도 공부를 잘할 가능성이 높다. 중간에 공부를 게을리해서 성적이 떨어진다 해도 특별한 일이 없는 한 바닥으로 떨어지지는 않는다. 그리고 다시 공부를 열심히 하면 예전 성적을 되찾을 수 있다. 이렇듯 공부를 잘하는 학생은 웬만하면 계속 공부를 잘하는 학생으로 남는다.

    대학에 들어가서도 마찬가지다. 1학년 때 공부 잘하는 학생이 대략 정해진다. 그러면 이들이 졸업할 때까지 계속 공부 잘하는 학생으로 남을 확률이 높다. 공부 못하는 학생이 나중에 공부를 잘하게 되는 경우는 드물다. 반대로 공부 잘하는 학생이 바닥으로 떨어지는 사례도 드물다.

그래서 학생 때 공부 잘하는 사람은 자기 자신이 똑똑한 줄 안다. 어떤 집단 내에서도 항상 공부 잘하는 사람 축에 들어갔기 때문이다. 학년이 바뀌고, 반이 바뀌어도 자신은 항상 공부 잘하는 쪽에 속했다. 혹 성적이 떨어지더라도 조금 노력하면 다시 공부 잘하는 학생의 위치를 되찾을 수 있다. 그래서 이들은 자신이 공부 잘하는 학생이라는 생각을 품게 된다.

계속 1, 2등을 해온 학생은 자신이 다른 사람들보다 많이 안다고 생각한다. 1, 2등을 하지 못하고 중상 정도의 실력이 있는 학생도, 자신이 아주 뛰어나지는 않지만 그래도 웬만큼은 한다고 생각한다. 자기 자신의 실력에 대해 자신감을 가지는 것이다. 즉 자기가 무언가를 잘 안다고 생각한다. 10년이 넘는 기간 동안 항상 공부를 잘하는 축에 들었기 때문에 자기가 다른 사람들보다 더 많이 알고 있다고 생각하는 것은 자연스럽다.

그렇지만 아무리 풍부한 지식을 지닌 학생일지라도 그는 아마추어일 뿐이다. 아무리 뛰어난 아마추어라 하더라도 프로에게는 미치지 못한다. 프로는 그 지식을 밑천으로 먹고사는 사람이다. 아마추어가 이런 프로를 따라잡을 수는 없는 노릇이다. 요컨대 아무리 훌륭한 아마추어라 해도 가장 수준이 낮은 프로에도 미치지 못한다.

하지만 학생들은 사회에 진출하면서 이런 중요한 사실을 놓친다. 큰 착각에 빠지는 것이다. 좋은 학교를 졸업한 학생, 특히 매우 우수한 성적으로 졸업한 학생은 자신이 굉장히 많이 알고 있다고 생각한다. 자신이 평균적인 사람보다 더 많이 안다고 생각한다.

그동안 이 학생들이 살아오면서 경험한 것을 돌이켜보면 그럴 만도 하다. 학벌 좋고 공부 잘하는 학생들은 어려서부터 지금까지 항상 주위의 다른 사람들보다 많이 알고 있었다. 항상 동기들보다 높은 점수를 받았다. 어떤 집단에 있든 좋은 성적을 받았다. 그러다 보니 회사에 들어가서도 자신이 많이 아는 사람 축에 들어갈 거라 생각하게 된다.

하지만 이건 착각이다. 학생이 회사로 들어가서 직장인이 된다는 것은 달리 말해 아마추어가 프로가 된다는 의미다. 아마추어 때 배운 지식은 프로의 세계에서 이용하기 힘들다. 아마추어의 지식수준을 가지고는 프로의 세계에서 버티기 힘들다. 학생이 회사에 들어가면, 이 학생은 그 회사에서 가장 지식수준이 낮은 사람이 된다. 회사에서 가장 무식한 사람이 된다. 학생일 때는 어느 집단에 들어가든 항상 많이 아는 사람에 속했지만, 회사에 들어가는 순간 그 집단에서 가장 무식한 사람으로 변화하는 것이다.

학생이 배우는 지식은 교과서 지식이다. 학교에서 가르치는 내용을 배우고 익힌다. 즉 학생이 알고 있는 지식은 절대 다른 사람들이 모르고 있는 지식이 아니다. 해당 분야의 사람들은 모두 알고 있는 지식일 뿐이다. 학생 때는 그렇게 모든 사람이 알고 있는 지식을 조금 더 아는 것으로 공부를 잘할 수 있다. 즉 다른 학생들보다 몇 문제 더 푸느냐 못 푸느냐에 의해서 공부 잘하느냐 못하느냐가 결정된다. 학생들 사이에서는 몇 문제 더 푸는 게 중요할 수 있다. 하지만 이건 비교 대상이 같은 학생들일 때만 의미가 있다. 그 분야의 프로들과 만나면, 학교에서 배운 지식은 아무 소용이 없게 된다.

일단 자신보다 먼저 그 직장에 들어간 사람들은 자신과 똑같이 대학 때까지 공부를 한 사람들이다. 한마디로 자신이 알고 있는 것을 직장 선배들, 상사들이 모두 다 알고 있다. 신입사원인 나만 알고 선배 사원들은 모르는 지식은 없다. 학생 때는 친구들은 모르고 나만 알고 있는 지식이 있을 수 있다. 하지만 직장에 들어가면 그렇게 되지 않는다. 신입사원인 내가 알고 있는 지식은 선배들도 모두 다 알고 있는 지식이다. 이렇게 모두가 다 알고 있는 지식으로는 어떤 경쟁력도 갖지 못한다.

학생이 우수한 학점으로 졸업해서 회사로 들어간 후 자신이 대학에서 배운 것을 회사에서 이야기하면 웃음거리가 될 뿐이다. 겉으로 웃지 않는다 해도 속으로는 웃는다. '역시 신입사원이라 아무것도 모르는군'이라고 생각하기 마련이다. 학생이 아무리 지식을 많이 갖추었다고 해도 그것은 아마추어의 지식일 뿐이다. 이미 직장생활을 하고 있는 사람들의 지식에는 결코 미칠 수 없다.

학생의 지식이 아마추어 수준인 이유가 한 가지 더 있다. 그것은 학생들은 한 가지만이 아니라 여러 가지를 배워야 하기 때문이다. 고등학교 때도 여러 과목을 모두 잘해야 우등생이 될 수 있었다. 자기가 좋아하는 과목에서는 전국 1등이지만, 다른 모든 과목에서 성적이 나쁘다면 이 학생은 절대 우등생이 될 수 없다. 좋은 대학에도 들어가기 힘들다. 이건 대학에서도 마찬가지다. 모든 과목이 A^0인 학생이 우등생이 된다. A^+는 하나도 없지만 모든 과목이 A^0인 학생이 학점 4.0이 넘는 우수한 학생이 된다.

하지만 학교를 벗어나 사회에 진출하는 순간, 평가 체계가 완전히 바뀐다. 사회에서는 여러 가지를 잘하는 사람이 필요 없다. 바꾸어 말하면 각 분야에서 A^0의 실력을 지닌 사람이 환영받지 못한다. 사회에서는 자기 업무에서 A^+인 사람을 원한다. 다른 업무에서는 완전 맹탕이라 하더라도, 한 분야에서 A^+이면 그 사람과 일을 하게 된다. 이처럼 직장인의 세계에서, 한 분야에서 일하는 사람들은 그 분야에서 모두 A^+를 받고 있다.

광고 분야를 예로 들어보자. 지금 광고 회사에서 일하는 사람들은 광고에 대해 A^+의 실력을 갖추고 있다. 전국에 있는 모든 광고 회사에서 일하는 사람들은 광고에 대해 A^+의 실력을 바탕으로 광고 업무를 하고 있다. 이런 상황에서 학교에서 공부를 잘했던 신입사원이 광고에 대해 A^0의 실력을 지니고 들어왔다고 생각해보자. 그는 학생들이 보기에는 굉장히 많이 아는 실력자로 보인다. 하지만 광고 업계 사람들이 보기에는 아직 한참 부족한 수준이다. 광고에 대해서 A^0의 실력을 지닌 공부 잘하는 신입사원은 광고 분야에서 일하는 그 어떤 사람들보다도 광고에 대해서 모른다.

회사에서 생각하기에는 아직 한참 부족한 신입사원이지만 앞으로 키워서 '써먹으려고' 그를 채용한 것이다. 아무리 학교생활 16년 동안을 훌륭한 모범생으로 성장한 사람일지라도 회사에서 지금 당장 일에 투입할 수 있는 사람은 아니다. 즉 학생은 아무리 훌륭한 우등생이라 해도 프로는 아니다.

직장인이 되면 다시 업무를 배우기 시작한다. 그리고 이때는 자기 분야 하나에 대해서만 배우게 된다. 직장인은 모든 분야에서 A^0가 되어서는 안 된다. 자기 업무 분야 하나에 대해서 A^+가 되어야 한다. 자기 분야에서 A^+이고 다른 분야에 대해서 A^0만큼 알면 그건 괜찮다. 우수한 직장인이 될 수 있다. 하지만 모든 분야에서 A^0만 받고 A^+를 받는 분야가 없다면 이 사람은 성공하기 힘들다. 회사에서 원하는 것은 프로의 지식 A^+이다. 아마추어로서 훌륭한 A^0의 지식으로는 경쟁자들 사이에서 버티기 힘들다.

학교에서 잘나가는 우등생과 사회에서 잘나가는 직장인이 다른 이유 중 하나는 바로 여기에서 찾을 수 있다. 우등생은 모든 과목에서 A^0를 받을 수 있는 사람이다. 하지만 사회에서는 자기 분야 한 과목에서 A^+를 받을 수 있어야 한다. 한 과목만 A^+이고 다른 과목들은 모두 C를 받은 사람은 학교에서 무시를 당해왔다. 하지만 이 학생이 사회에 진출하면 모든 과목에서 A^0를 받은 우등생보다 훨씬 더 필요한 사람이 된다. 사회에서 성공하는 사람은 한 분야에서 프로의 지식을 가지고 있는 사람이다. 그러므로 적어도 자기 분야에서는 학생의 지식을 뛰어넘어야만 한다.

:
무엇을 공부할지 학교에서 정해준다 vs
무엇을 공부할지 스스로 찾는다

 초·중·고등학교에서는 학교에서 교과서를 정해준다. 그 교과서의 내용을 배우고, 교과서에서 시험 문제가 나온다. 교과서에서 나온 내용을 공부하면 된다. 학원에 가면 학원에서 교재를 정해준다. 그리고 그 교재를 배운다. 학원 강사가 프린트를 나누어줄 때도 있다. 때로는 동영상 강의를 보기도 한다. 어떤 방법으로 배우든 무엇을 어떻게 배워야 하는지를 학교나 학원의 선생님이 미리 알려준다. 학생은 학교나 학원에서 가르쳐주는 것을 공부하면 된다.

 이처럼 학생 때는 무엇을 공부해야 하는지, 어떤 것을 공부해야 하는지를 학교가 정해준다. 학생은 학교에서 정해준 내용을 얼마나 많이 복습하고 잘 익히느냐에 따라 성적이 결정된다. 학교에서 정해준 내용을 잘 익히고 외우면 학교에서 우등생이 되고, 학교에서 정해준 내용을 잘 익히지 못하면 낮은 성적을 받는다.

이런 시스템은 대학생이 되더라도 바뀌지 않는다. 대학생이 되었을 때 바뀌는 것은 어떤 과목을 배울지를 스스로 선택할 수 있다는 점이다. 일단 과목이 선정되면, 그 과목에서 무엇을 배울지는 교수가 정해준다. 교수가 정해준 교재를 읽고, 교수가 강의하는 내용을 익히면 된다. 자기 스스로 자료를 찾아 공부하고 발표하는 방식의 수업도 있다. 하지만 무엇을 찾아야 하고 어떤 것을 공부해야 할지에 대해서는 미리 주제가 정해져 있다. 단지 교수가 정해준 주제에 대한 자료를 모으고 분석하는 점에서만 다를 뿐이다. 무엇을 공부해야 할지를 미리 정해준다는 점에서는 별 차이가 없다.

사실 학생이라는 단어는 누구에게서 무언가를 배우는 사람이라는 뜻이다. 가르치는 사람이 따로 있고, 가르치는 사람으로부터 기술과 지식을 배우는 사람도 따로 있다. 즉 학생이란 존재는 누가 가르치는 것을 그대로 따라 하는 사람인 셈이다. 학생들은 초등학교 때부터 대학교를 졸업할 때까지 그런 식으로 학교에서 교사와 교수가 가르쳐주는 것을 배우면서 살아왔다. 그래서 그런 것이 공부라고 생각한다. 공부라는 것은 주어진 교재와 이미 존재하는 내용을 빨리 습득하고 이해하는 것이라 여긴다. 학생들이 생각하는 공부는 이런 것이다.

하지만 사회에서의 공부는 다르다. 우선 사회에서는 무엇을 공부하라고 사회인에게 정해주지 않는다. 대학 때까지는 학교에서 무슨 과목을 들어야 하는지, 어떤 지식을 습득해야 하는지, 그리고 언제까지 공부해야 하는지를 정해준다. 하지만 대학을 졸업하는 순간, 무엇을 공부해야 하는지에 대해서 아무도 알려주지 않는다. 어느 누구도 어떤 지식을 익혀야 하고 언제까지 배워야 하는지에 대해서 말해주지 않는다. 대학을 졸업한 이후에는 무엇을 배워야 하는지, 어떤 것을 익혀야 할지를 자기 스스로 선택해야 한다.

사실 엄밀히 말해서 학생 때의 공부는 진실한 공부가 아니다. 공부의 본질은 '자신에게 필요한 지식을 찾아서 습득하는 것'이다. 여기서 중요한 점은 '지식을 습득하는 것'이 아니라 '자신에게 필요한 지식을 찾는 것'이 더 중요하다.

사실 '지식을 습득하는 것'은 시간만 있으면 누구나 할 수 있는 일이다. 어떤 지식이든 간에 그 지식을 계속 대하고, 그 지식 주변에 계속 있으면 자연스럽게 습득하게 된다. 서당개 3년이면 자연스레 풍월을 읊을 수 있게 된다. 우스갯소리로 라면집 개 3년이면 자연스레 라면을 끓일 수 있다. 지식을 습득하는 것은 단지 시간문제일 뿐이다. 더 열심히 하면 더 빨리 배울 수 있고, 열심히 하지 않으면 늦게 배울 뿐이다. 인간에게는 기본적인 지식 습득 능력이 있다. 그래서 그 분야에 계속 관심을 두고 있으면 자연스럽게 풍부한 지식을 갖추게 된다.

학생 때는 중간고사와 기말고사를 치러야 한다. 그래서 지식을 습득하기 위한 시간이 중요했다. 그냥 지식을 습득하는 것보다는 시험을 치르기 전까지 지식을 습득하는 게 중요했다. 그래서 우등생이 되기 위해서는 빨리 지식을 습득하는 게 절실했다. 하지만 사회에서는 중간고사와 기말고사가 없다. 쉽게 말해 그 지식을 사용할 시기 이전에 습득하기만 하면 된다. 그래서 사회에서는 지식을 습득하는 것 자체는 큰 문제가 되지 않는다. 지식을 습득하고자 하는 의지가 있는 사람은 누구나 해당 분야에서 충분한 지식을 습득할 수 있다.

공부에서 정작 중요한 것은 '자신에게 필요한 지식을 찾는 것'이다. 자신에게 무엇이 필요한지를 아는 것, 어떤 지식이 자기 자신에게 필요한지를 아는 것이 중요하다. 이 과정이 우선 이루어져야 무언가를 배울 수 있다.

학생 때는 자신에게 무엇이 필요한지를 학교와 학원에서 알려준다. 그래서 '어떤 지식이 필요한가'에 대해 고민할 필요가 없었다. 단지 해당 분야만 정하면 된다. 영어를 배울지, 일본어를 배울지, 경제학을 배울지, 생물학을 배울지만 결정하면 된다. 그러면 학교와 학원은 무엇을 배워야 하는지를 잘 정리한 영어 교재나 일본어 교재를 건네주고, 경제학 커리큘럼을 제시해준다. 초보 단계에서 고급 단계까지 필요한 모든 교재와 내용을 체계적으로 제공한다. 그러면 그 단계만 밟으면 원하는 수준의 지식을 습득할 수 있다.

하지만 이렇게 공부의 단계별 커리큘럼을 건네받을 수 있는 건 오직 학생일 때뿐이다. 사회에 나간 이후에는 무엇을 어떻게 배워야 하는지에 대한 단계별 커리큘럼을 받을 수 없다. 자신에게 무엇이 필요한지, 그리고 그것을 배우기 위해서는 어떻게 해야 하는지를 스스로 찾아야 한다.

다른 사람과 구분되는 지식과 창의력은 바로 여기에서 나온다. 학교에서 이미 정해진 내용을 습득하는 경우에는 누구든 똑같은 지식을 습득하게 된다. 누구나 똑같은 지식을 배우기 때문에 다른 사람들이 가지고 있는 지식과 내가 가지고 있는 지식에 별 차이가 없다. 가지고 있는 지식에 차이가 없으니 다른 사람과 다른 개성이나 창의력이 발휘될 여지도 없다. 주어진 교재 중에서 어디를 더 좋아하느냐에 따라 조금 차이는 날 수 있다. 하지만 다른 사람의 지식수준과 비교해서 큰 차이는 없다. 창의성을 인정할 만큼의 차이는 나지 않는다.

하지만 무엇이 필요한지, 어디서 지식을 찾을지부터 고민이 시작된다면 사람마다 천차만별의 차이가 생긴다. 이때는 주제와 자료가 교재의 범위로 정해지지 않는다. 정말 이 세상 전체가 다 연구의 대상이 된다. 이렇게 넓은 지구라는 대상에서, 과거와 현재에 얽매이지 않고 지식을 모은다면 다른 사람들과 절대 겹치지 않는 지식을 찾아낼 수 있다. 그러면 다른 사람들이 가지고 있는 지식과 차별화된 나만의 지식을 갖는 게 가능해진다. 그러면 창의적인 지식을 쌓을 수 있다.

학생 때는 교재 내용을 잘 알고 응용하는 학생이 창의적인 학생으로 인정받았다. 학교에서 배우는 교재의 내용을 잘 알아서 높은 성적을 받는 학생들은 그 높은 성적 때문에 자신이 창의력이 있고 배우는 것을 좋아하는 사람이라고 생각할 수 있다. 그러나 그건 착각이다. 아무리 학교에서 모범생이고 우등생이라 해도, 그것은 선생님과 교수님이 가르치는 범위 내에서의 일이다. 학습 범위 내에서의 뛰어난 수준일 뿐이다. 학습 범위 내의 지식이라는 말은 그 분야를 알고 있는 사람이 이미 충분히 많이 있다는 뜻이다. 우선 그 교재를 쓴 사람도 알고, 그 교재를 읽은 사람도 알고, 그 교재를 가르치는 사람도 알고, 그 교재를 배운 사람도 안다. 그런 와중에 그 교재를 다른 사람들보다 좀 더 잘 해석했다고 해서 창의적으로 되지는 않는다. 그 교재를 벗어나서 지식을 스스로 찾았을 때 창의적인 사람이 될 수 있다.

사회에서의 배움은 이렇게 스스로 '자신에게 필요한 지식을 찾는 것'에서 시작한다. '자신에게 필요한 지식을 찾는 것'에서 진정한 능력의 차이가 발생한다. 그런데 사회에서는 어디서 어떤 지식을 어떻게 찾을지에 대해서 아무도 가르쳐주지 않는다. 학생 때는 해당 지식에 가까워질 방법을 선생님과 교수님들이 가르쳐주었지만, 사회에서는 스스로 찾아야 한다. 학생 때는 주어진 지식을 잘 습득하는 데 경쟁력이 있었다. 그러나 직장인은 자신에게 필요한 지식이 무엇인지를 스스로 결정하고 찾아가야 한다. 그렇게 할 수 있는 직장인이 경쟁력을 갖는다.

책은 진리다 vs
책은 여러 의견 중 하나다

학교에서는 교과서를 배운다. 선생님은 교과서를 가르치고, 학생들은 교과서를 읽고 외운다. 그리고 교과서 내용으로 시험을 본다. 시험지를 채점할 때 답이 맞았는지 틀렸는지를 판단하는 기준 역시 교과서다. 교과서에 적혀 있는 그대로 쓰면 맞는 답이다. 그리고 교과서에 나오지 않은 내용을 쓰거나, 교과서에 있는 것과 다른 답을 적으면 틀린다. 교과서에 있는 말은 진리다. 내가 답한 것이 맞는지 틀렸는지를 결정하는 절대 기준이다.

학생들이 교과서에 실린 내용에 대해서 의문을 가질 수도 있다. 교과서에 수록된 것이 꼭 맞지 않는다고 생각할 수도 있다. 그러나 시험을 볼 때만큼은 교과서에 있는 내용 그대로 대답해야 한다. 교과서에 있는 대로 써야 맞지, 교과서의 내용에 의문을 품고 여기에 따르지 않는 답을 쓰면 틀린다. 이런 과정을 계속 거치다 보면 교과서의 내용은 진리로 인식된다. 꼭 진리까지는 아니더라도 다 맞는 것처럼 생각하게 된다. 나중에는 교과서의 내용에 대해서 별 의문도 품지 않는다. 교과서의 내용을 배우고 익힌다. 그리고 교과서의 내용과 어긋나는 것은 틀린 것으로 생각한다. '책에 나와 있는 말은 진실이고 옳다. 친구들이 책과 다른 이야기를 하면 그것은 틀린 것이다'는 인식이 자리 잡게 된다.

책에 나와 있는 말이 옳다고 생각해야 하는 건 학교에서만이다. 학교를 졸업해서 사회로 진출하면 책에서 하는 말에서 벗어나야 한다. 특히 중고등학교 때 교과서를 믿고 의지했던 태도에서 벗어나야 한다. 교과서는 어디까지나 학생들을 위한 것이다. 학생일 때는 교과서의 말들을 가치 있게 생각해야겠지만, 사회인이 되면 교과서의 말들은 그냥 하나의 의견으로만 받아들여야 한다.

교과서를 거칠게 정의하자면 '어른들이 학생들에게 알리고 싶은 것들을 정리한 글'이다. 그 자체가 진리라기보다는 어른들이 '학생들이 이렇게 생각했으면 좋겠다'는 내용을 모아놓은 글이다. 따라서 교과서의 내용이 '절대 진리'인 것은 아니다. 학문의 세계에서는 그것이 옳은지 그른지에 대해서 계속 논쟁이 이루어지고 있다. 그렇게 아직도 많은 논쟁이 이루어지고 있는 사항 중에서 더 많은 사람이 옳다고 인정한 것을 정리한 글이 교과서다. 교과서의 내용에 대해서 반대되는 주장을 하는 사람들도 얼마든지 있다. 무엇보다 교과서 내용대로 사회가 굴러가지 않는다. 교과서에서는 이 사회가 완전하고 도

덕적이고 제대로 굴러가는 것으로 묘사한다. 어른들이 학생들은 그렇게 생각해주기를 바라기 때문이다. 하지만 사회에 나와서 보면 이 사회가 어떻게 굴러가는 것인지 파악할 수 없는 경우가 많다는 것을 알게 된다. 교과서에 나와 있는 표현들은 이 사회를 현실적으로 그려내는 것이 아니라, 이 사회가 이랬으면 좋겠다는 희망을 모아놓은 말들이다.

교과서는 드라마와 같다. 드라마는 현실이 아니다. 사람들이 현실이었으면 좋겠다고 바라는 것을 옮겨놓았을 뿐이다. 드라마에서는 재벌가의 아들이 가난한 여자에게 관심을 둔다. 그러면 그 가난한 여자는 부담을 느끼며 도망가려 한다. 하지만 재벌가의 아들은 이 가난한 여자를 너무나 사랑하여 싫다는 여자를 계속 따라다니며 구애한다. 그런데 재벌가 부모는 자기 아들이 가난한 여자와 만나는 것을 강력히 반대한다. 하지만 명예나 재산보다 사랑을 추구하는 재벌가 아들은 가족들의 온갖 방해를 극복한다. 자신이 사랑하는 여자를 위해 모든 것을 버린다. 재벌가의 남자와 가난한 여자는 끝내 사랑으로 맺어진다.

이게 현실일까? 재벌가의 아들이 반드시 부자 여성에게만 관심을 두라는 법은 없다. 하지만 그렇다고 재벌가의 아들이 가난한 여자를 선택하는 경우는 현실적으로는 존재하지 않는다. 재벌가의 아들이 좋다고 따라다니는데 싫다고 도망가는 여자도 거의 없다. 사춘기 어린 나이라면 모를까, 드라마의 배경이 되는 결혼 적령기의 남녀 간에는 그런 식의 극단적인 행동은 좀처럼 일어나지 않는다. 이처럼 드라마는 현실을 보여주기보다는 사람들이 이랬으면 좋겠다는 희망을 보여주는 것이다. 현실 그 자체를 알고 싶으면 드라마가 아니라 다큐멘터리나 뉴스를 봐야 한다.

드라마와 교과서는 현실을 말하는 것이 아니라 이랬으면 좋겠다는 이상을 보여준다. 그런데 드라마와 교과서 사이에는 근본적인 차이가 있다. 드라마를 보는 사람들은 그것이 연출된 허구라는 사실을 알고 본다. 하지만 교과서는 그 내용이 옳다고 주장하면서 교과서의 내용과 다른 말은 틀린 것으로 본다. 우리가 드라마의 내용과 반대되는 이야기를 해도 아무런 문제가 없다. 하지만 교과서와 반대되는 말을 하면 시험에서 틀린다. 교과서의 내용에 의문을 품으면 점수가 떨어지고, 등수가 낮아진다. 그래서 교과서의 내용에 대해서는 의문을 품지 않는다. 교과서의 내용은 다 맞는 것으로 생각한다. 그래야 시험에서 높은 점수를 받을 수 있다.

초·중·고등학교를 그런 식으로 지내왔다. 교과서의 내용이 진리인 것으로 받아들이고 교과서 내용에 따라서 모든 문제를 풀어왔다. 대학교 때는 중고등학교 때만큼 교과서에 의존하지는 않는다. 하지만 대학에서는 교수의 말이 진리다. 교수가 말한 대로 답안을 작성해야 한다. 교수가 아무리 독창적인 의견을 중시한다고 말하더라도 마찬가지다. 막상 교수가 제시한 의견을 비판하고 반대하면 좋은 점수를 받지 못하기 일쑤다. 학교에서는 교과서의 내용, 선생님과 교수의 의견이 진리가 된다.

그래서 학생들은 생각의 틀이 교과서와 책의 틀에 매여 있다. 본인은 스스로 잘 의식하지 못하지만, 오랜 학교생활 동안 몸에 밴 선입견을 벗어나지 못한다. 교과서의 글들을 맞는 것으로 인식하고 그에 따라 생각과 행동의 수위를 조절한다. 학생일 때 배운 교과서의 내용과 부딪히는 사항들에 대해서는 거부감을 가지고 있고 잘 받아들이지 못한다.

교재의 내용이 진리인 것은 학생 때까지만이다. 사회에 들어서면 책의 위치는 상당히 낮아진다. 책은 진리를 말하는 것이 아니라 저자의 의견과 생각일 뿐이다. 책만이 아니다. 각종 규정과 제도들도, 무엇이든 글로 적혀 있는 문서들은 모두 하나의 의견일 뿐이다. 그런데 많은 사람은 이런 책의 내용, 규정집의 내용을 계속 진리로 알고 살아간다. 진리까지는 아니더라도 옳은 것, 지켜야 하는 것, 준수해야 하는 것으로 인식한다. 학생 때 교과서 내용이 전부 맞는 것으로 생각한 사고방식이 사회에 나와서도 계속되는 것이다.

하지만 책에서 하는 말은 의견일 뿐이다. 책에서 어떤 것을 주장하든 간에 그것과 반대되는 주장을 하는 책들을 얼마든지 찾을 수 있다. 이 세상에서 100퍼센트 분명히 맞다고 말할 수 있는 진리는 거의 없다. 70퍼센트 정도는 옳다고 할 만한 주장도 별로 없다. 자연과학 분야에서는 대부분 맞다고 말할 수 있는 주장이 있을 수 있다. 하지만 최소한 사회과학과 인문학 분야, 이 사회를 설명하는 분야에서는 70퍼센트 이상이 동의하는 주장조차 드물다.

학교에 다닐 때는 이렇게 교과서와 다른 주장들이 있다는 것을 알지도 못했고, 그런 정보에 접근하기도 어려웠다. 그래서 교과서의 내용을 진리로 알게 되었다. 하지만 학교를 졸업하고 사회에 나가게 되면 책에서 하는 말들이 단순히 하나의 의견일 뿐이고, 그 책에서 하는 말을 반박하는 의견들도 많다는 것을 인식해야 한다. 어떤 사회 현실에 대해서 그것을 설명하는 의견들은 다양하다는 것을 인식하고, 그 여러 의견을 받아들일 수 있어야 한다.

학생 때 교과서의 내용만을 진리인 것으로 알고 있었던 것처럼, 사회에 나와서도 하나의 의견만이 진실이라고 받아들이고 다른 의견들은 틀린 것으로 인식한다면 편협한 사람이란 비판을 받게 된다. 자신은 진리를 주장하고 있는데 다른 사람들이 왜 반대하는지를 이해하지 못하게 된다.

지금 한국에서는 극도의 좌파적 시각을 가진 사람이나 반대로 오른쪽으로 지나치게 치우친 사람들이 많이 존재한다. 이들은 자신이 주장하는 것과 반대되는 주장을 받아들이지 못하고 상대방을 적대시까지 하기도 한다. 이건 자신이 책에서 읽고 배운 지식이 진리라고 생각하기 때문이다. 교과서의 내용을 지키고 준수해야 하는 학생의 사고방식을 버리지 못했기 때문에 발생하는 문제다. 학생에서 벗어났다면 책에서 주장하는 이론에서도 벗어나야 한다.

졸업하면 공부는 끝이다 vs
공부는 평생 해야 한다

학생은 공부를 해야 한다. 매일 아침 학교에 가서 수업이 끝나는 오후 늦게까지 계속 공부만 한다. 1~2년만 그러는 게 아니다. 10년 넘게 학교에서 공부해야 한다. 내가 공부를 잘하건 못하건, 공부를 좋아하건 싫어하건 관계없다. 무조건 학교에서는 공부를 가르친다. 국어, 영어, 수학 등 모든 과목을 배워야만 한다. 가끔가다가 음악, 미술, 체육 같은 과목들도 있다. 하지만 이런 과목들도 공부다. 학교에서는 내가 좋아하는 가요와 팝송을 가르치지 않는다. 학교에서는 클래식, 민요, 성악을 가르친다. 좋아서 하는 음악이 아니라 공부하기 위한 음악이다. 내가 좋아하는 운동만 하게 하지 않는다. 야구나 볼링만을 하도록 내버려두지 않는다. 학교에서는 달리기, 윗몸일으키기 같은 기초체력을 가르친다. 결국 체육도 하나의 공부일 뿐이다.

대학에 들어와도 이런 사정은 달라지지 않는다. 대학이라서 내가 원하는 공부를 할 줄 기대했다. 그러나 막상 대학에 들어오면 그렇게 되지 않는다. 전공과목으로 꼭 들어야 하는 과목이 있다. 수강하는 과목 중에 재미있는 과목은 거의 없다. 그렇게 별로 좋아하지 않는 공부이지만 그래도 시험공부는 해야 한다. 학기마다 중간고사, 기말고사를 치러야 하고 심하면 매달 시험이 있기도 한다. 계속 배우고 시험 보며 평가받는 것. 이게 바로 학교생활이다.

학교에서 이렇게 계속 공부하고 시험 보면서 지내지만 정작 학생들은 공부를 좋아하지 않는다. 그래서 생각한다.

학교만 졸업하면 공부는 끝이다. 대학을 졸업하고 직장에 들어가면 더는 공부하지 않아도 된다. 공부는 학생이 하는 것이다. 학생 신분에서 벗어나면 더 공부하지 않아도 된다. 대학을 졸업한다는 것은 학생에서 해방되는 것이다. 계속 공부할 필요가 없다. 대학을 졸업하면 이제 공부는 끝이다.

하지만 이렇게 공부는 학교에서나 하는 것으로 생각하면 사회생활이 제대로 되지 않는다. 대학을 졸업할 때까지 열심히 공부하고 사회에 나와서는 더 공부하지 않는다 해도 처음에는 괜찮다. 사회생활을 하는 데 별문제 없을 것이다. 하지만 시간이 지나면 지날수록 사회에서 별 볼 일 없게 되는 자신을 발견하게 된다. 대학 때까지는 공부도 잘하고 아무 문제 없었던 것 같은데 사회에 나와서는 점점 주변에 뒤처지게 된다. 꾀부리지 않고 열심히 직장생활을 하는데도 별로 업무가 나아지지 않는다. 그 이유 중 하나는 더는 공부를 하지 않기 때문이다.

대학 때까지만 공부하고 사회에 나와서는 공부하지 않으면 지식 수준도 그 수준에서 정체된다. 사회에 처음 나와서는 대학 때의 지식을 가지고도 아는 척을 할 수 있다. 하지만 점점 시간이 지나면 대학 때 배웠던 지식 자체가 오래된 지식이 되어 간다. 그리고 공부하지 않으면 대학 때 배운 지식이 점점 잊힌다. 몇 년 지나면 이 사회에 적용할 수 있는 지식이 거의 없는 지경이 된다. 사회에서 일을 잘하려고 해도 잘할 수 없게 된다. 이건 사회에서 계속 공부를 하지 않았기 때문에 나타나는 현상이다.

공부는 학생 때만 해야 하는 것이 아니다. 공부는 평생 해야 한다. 그런데 사람들은 공부는 학생 때나 하는 것으로 생각한다. 대학을 졸업하고 나오면 더는 공부하지 않아도 되는 것으로 생각한다. 이렇게 생각하게 된 이유로는 크게 두 가지를 찾을 수 있다.

첫째, 많은 사람이 공부에 대해서 오해하고 있다. 배우고 외운 다음에 시험을 치르는 것이 공부의 전부라고 생각한다. 물론 학생 때의 공부는 그랬다. 학교에서 먼저 가르쳤고, 배운 내용에 대해 시험을 보았다. 공부는 학교에서 가르친 것을 시험 보기 위해 외우는 것이었다. 공부의 본질이 바로 그런 줄 알았다. 그런데 대학을 졸업한 다음에는 가르치는 사람도 없고 시험 보라고 하는 사람도 없다. 가르치고 시험을 봐야 공부를 하는데, 가르치지도 않고 시험도 없으니 자연스럽게 공부가 사라지게 된다.

하지만 공부는 원래 시험과 관계가 없다. 공부는 해당 분야의 지식과 기술을 배우는 것이다. 지식과 기술을 배우고 익히는 게 공부지, 시험을 치르고 등수를 매기는 것이 공부가 아니다. 시험을 치르고 등수를 매기는 이유는 학교에서 학생들을 평가하기 위해서다. 시험과 등수가 공부와 반드시 연결되는 것은 아니다. 시험을 보지 않아도 공부는 얼마든지 할 수 있다.

중고등학교와 대학교에서는 공부한 다음에 시험을 친다. 그런데 사회에서는 시험을 치지 않는다. 하지만 시험을 치지 않는다고 해서 공부를 하지 않아도 되는 건 아니다. 시험과 관계없이 공부를 계속해야 한다. 공부와 시험 보는 것은 본질적으로 큰 상관없는 일이다.

둘째, 공부의 목적에 대해 오해하는 사람들이 많다. 공부하는 이유가 학교에서 우수한 성적을 받기 위해서인 것으로 생각한다. 대학에 들어가기 위해서 공부를 해야 하는 것으로 생각한다. 취업하기 위해서 공부가 필요한 것으로 생각한다. 이런 식으로 생각하면 대학에 들어간 후나 취업한 후에는 공부가 필요 없다. 공부해야 하는 목적이 이미 달성되었기 때문이다. 하지만 공부의 본질은 대학에 들어가거나 취업하는 데 있는 게 아니다. 공부는 현재 사회의 지식 상태를 따라잡는 것이 목적이다. 그 분야의 사람들이 사회에서 알고 있는 지식을 나도 알고자 하는 것이 공부다. 어려서는 사회의 지식수준과 나의 지식수준에 차이가 크게 난다. 그래서 사회가 아직 어리고 미숙한 사람을 모아서 사회의 지식을 가르친다. 이 어린이들이 나중에 사회에 나와서 바로 적응할 수 있도록 사회의 지식을 가르친다. 그것이 바로 학교다.

대학에서도 해당 분야를 전공한 학생들이 졸업 후 그 분야에 들어갔을 때 기본적인 지식을 갖출 수 있도록 학생들을 가르친다. 대학에서 몇 년을 걸쳐서 해당 분야의 기초적인 지식을 가르치는 것이다. 그런데 이렇게 대학에서 가르쳐도 회사에서의 지식수준을 따라오지 못한다. 그래서 회사에서는 별도로 시험을 치른다. 공부의 목적은 대학에 들어가는 것, 회사에 들어가는 것이 아니다. 사회에서 필요한 지식을 습득하는 과정이 공부다.

공부를 이렇게 정의한다면 회사에 들어간 이후에도 계속 공부해야 함을 알 수 있다. 사회는 계속 변화한다. 대학을 졸업하고 회사에 취직했을 때 가지고 있던 지식은 그 당시에는 나름대로 최신의 지식으로 볼 수 있다. 하지만 몇 년 지나면 옛날 지식이 된다. 대학 졸업 이후에도 계속 공부하면 최신 지식을 계속 알 수 있다. 하지만 대학을 졸업한 다음에 공부를 멈추면, 이 사람이 알고 있는 지식은 몇 년 전 지식이 된다. 본인은 자신의 지식수준이 높고 많이 알고 있다고 생각하겠지만 그건 착각이다. 몇 년 전에는 분명히 많이 알았다고 할 수 있다. 하지만 지금은 주변 사람들보다 아는 게 부족한 사람이 된다. 그리고 그 과정에서 자신의 경쟁력은 점점 낮아진다. 10년 이상 이렇게 지내면 이 사람의 지식 중에서는 사회에서 제대로 통용되는 게 거의 없게 된다. 그러면 사회에서 필요없는 사람이 된다.

나이가 들어 사회에서 별 소용없는 사람이 되는 이유를 멀리서 찾을 필요가 없다. 이전 지식만을 간직한 채 더는 공부를 계속 하지 않아서 현재의 지식을 알지 못하기 때문에 나타나는 현상이다.

고등학교 때까지 우등생이었고, 명문 대학을 졸업했는데도 사회에 나와서는 별 볼 일 없게 되는 이유, 그리고 고등학생, 대학생 때까지는 특별한 게 없었는데 사회에서 계속 잘나가는 사람들이 많은 이유 중 하나를 바로 공부에서 찾을 수 있다. 대학을 졸업하고 사회에 진출한 후에도 계속 공부를 했는가 아닌가에 따른 차이가 난다.

명문대를 우수한 성적으로 졸업했는데 사회에 나와서 더는 공부하지 않은 사람과 평범한 대학을 졸업했지만 사회에 나와서 계속 공부한 사람 중 누가 더 경쟁력이 있을까? 처음 4~5년 정도는 명문대를 졸업한 사람이 더 경쟁력이 있을 수 있다. 하지만 5년 정도 지나면 공부를 계속하는 평범한 대학 출신이 공부를 계속하지 않는 명문대 출신보다 더 경쟁력을 갖추게 된다.

생각해보자. 고등학교를 전교 1등으로 졸업하고 공부를 멈춘 사람과, 고등학교 때는 중간 정도의 성적이었지만 대학에 들어가서도 계속 공부한 사람 중에 누가 더 지식수준이 높을까? 아무리 전교 1등으로 고등학교를 졸업했다 하더라도 더 공부를 하지 않았다면, 평범한 성적으로 고등학교를 졸업하고 평범한 대학에 다니는 대학생의 지식수준에 미치지 못한다. 단지 몇 년 사이에 지식수준이 바뀌어 버린다. 마찬가지다. 아무리 명문 대학을 졸업했다 하더라도 졸업 후에 공부하지 않으면 평범해지는 것은 금방이다. 평범한 대학을 졸업했다 하더라도 계속 공부해나가면 명문대를 우수한 성적으로 졸업한 사람을 금방 따라잡을 수 있다.

　공부는 평생 하는 것이다. 단지 시험을 치고 성적을 매기는 일이 학생 때만 이루어져서 직접적인 필요성을 덜 느낄 뿐이다. 하지만 공부한다는 것은 시험과 관계가 없다. 사회에 진출해서도 계속 공부를 해나갈 때 경쟁력을 유지하고 높일 수 있다.

에필로그

그래,
완생이 되는 그날까지!

2014년 말, 드라마 〈미생〉은 케이블 드라마이면서도 공전의 히트를 기록했다. 많은 취업 준비생과 직장인들이 〈미생〉에 빠져들었다. 드라마 〈미생〉에서 그려지는 장그래의 고민, 그리고 장그래와 같이 일하는 직장인들의 고민은 단지 드라마 캐릭터들만의 고민은 아니었던 것이다. 지금 이 시대를 살고 있는 모든 직장인들, 그리고 취업 준비생들의 공통된 고민이었다.

〈미생〉에서 장그래는 정규직이 되기 위해서 정말 열심히 노력한다. 하지만 결국 정규직이 되지 못했다. 그 대신 다른 일이 주어졌다. 그렇다면 〈미생〉은 해피엔딩일까 새드엔딩일까? 드라마 첫 회부터 장그래가 목표로 했던 것은 이루어지지 않았다. 결국 장그래는 자신이 열심히 일했던 회사에서 떠나게 되었다. 자, 그럼 장그래는 실패자일까? 장그래는 자신이 원하던 것을 얻지 못한 루저일까?

〈미생〉을 본 이들이라면 그렇지 않다고 말할 것이다. 〈미생〉이 종영된 후 많은 인터넷 기사들은 〈미생〉이 해피엔딩으로 끝났다고 보도했다. 장그래는 실패자도 아니었고 루저도 아니었다. 많은 사람들이 드라마 〈미생〉이 해피엔딩으로 끝난 것을 축하했고, 장그래와 그 팀원들의 앞날에 행운이 깃들기를 기원했다. 장그래가 속해 있던 영업 3팀 구성원들은 거의 다 회사를 그만두었다. 장그래 또한 그 회사에서 쫓겨나는 신세가 된다. 하지만 이렇게 회사를 그만뒀다고 해서 누구도 새드엔딩이라고 이야기하지 않았다. 드라마 〈미생〉은 해피엔딩이었다.

일반적으로 사람들이 중요하다는 스펙의 관점에서 본다면 장그래는 절대로 사회에서 잘될 수 없다. 장그래는 그동안 계속 바둑만 둬온 프로 바둑기사 지망생이었다. 어려서부터 프로 바둑기사를 꿈꾸어 왔지만 결국 실패했다. 자신의 꿈을 이루지 못해서 어쩔 수 없이 사회로 나오게 된 '패잔병'이었다. 장그래의 스펙은 정말 형편없었다. 장그래는 우선 좋은 대학을 나오지 않았다. 좋은 대학은커녕 대학을 다니지도 않았다. 그 중요하다는 영어도 할 줄 몰랐다. 토익 시험은 본 적도 없었고, 어학연수 또한 가본 적 없다. 봉사활동을 간 적도 없고 자격증도 없다. 대학을 다니지 않았으니 학점은 아예 존재하지 않았다. 장그래는 스펙이 중요하다는 사회의 일반적인 관점에서 볼 때 절대로 성공할 수 없는 사람이었다.

그러나 〈미생〉을 본 사람들 누구도 장그래가 사회에서 패배자라고 생각하지 않는다. 장그래는 대학을 나오지도 않았고 영어를 잘하지도 못했지만, 그래도 장그래는 전도유망한 청년이고 앞으로 계속해서 훌륭히 업무를 처리해나갈 것이라고 의심하지 않는다. 장그래는 스펙이 없다. 하지만 장그래는 유망한 직장인인 것이다.

〈미생〉은 한국의 직장 현실을 상당히 잘 반영했다. 그래서 많은 이들의 공감을 얻었다. 〈미생〉에서의 에피소드들은 드라마 대본이 아니라 현실에서 벌어지는 일들이었다. 그런데 한번 생각해보자. 〈미생〉에서 업무가 처리될 때 진정 학벌이 중요했던가? 선후배를 따지고 학교, 지역 동문들과의 네트워크를 구축하는 것이 진정 중요했던가? 그렇다면 토익 점수는? 업무가 진행되는 과정만 볼 때 전혀 그렇지 않았음을 우린 〈미생〉을 통해 볼 수 있었다. 그런 것들은 업무를 처리할 때 아무런 영향을 미치지 않았다. 그런 것들이 중요했다면 절대로 장그래가 유망한 직장인이 될 수 없었다. 장그래는 일반적으로 중요하다고 하는 스펙들을 하나도 가지고 있지 않았다. 하지만 그럼에도 불구하고 장그래는 많은 기대를 받는 유망한 사원이 되었다. 장그래가 드라마 주인공이니까 그렇게 설정한 게 아니겠느냐고 반문할지도 모르겠다. 하지만 단지 주인공이었기 때문이 아니다. 실제 이 사회에서는 그런 스펙들이 그렇게 중요하지 않다. 그렇기 때문에 〈미생〉이 수많은 직장인들과 취업 준비생들에게 공감을 불러일으킬 수 있었던 것이다. 캠퍼스 내에서는 이런저런 스펙들이 중요하다고 한다. 그래서 학생들은 그런 스펙을 갖추기 위해서 엄청난 노력을 한다. 하지만 실제 이 사회를 움직이는 힘은 스펙이 아니다. 맡겨진 일, 주어진 일을 실제로 어떻게 수행해내느냐가 중요하지 스펙이나 나이,

직급이 중요한 것은 아니다. 일반적으로 사람들이 생각하는 것처럼 스펙, 나이, 직급이 정말로 중요했다면 스펙 하나 없고 신입 인턴에 불과한 장그래는 아무런 가치도 만들어내지 못했을 것이다.

〈미생〉속 장그래는 이 사회에서 실패한 사람일까 성공한 사람일까? 우선 장그래는 프로 바둑기사가 되고자 했으나 실패했다. 자신의 목표를 달성하지 못했으니 실패한 것일까? 장그래 본인은 프로기사의 꿈을 접으면서 자기 인생은 끝났다고 생각했다. 앞으로 어떻게 살아갈지에 대한 그 어떤 계획도 없었다. 장그래 본인은 자기 인생이 완전히 실패했다고 보았다. 하지만 그로부터 몇 년 지나지 않아 장그래는 유망한 직장인이 된다. 프로기사를 포기했을 때는 전혀 상상하지 못했던 삶이 장그래에게 펼쳐졌다.

또한 장그래는 계약직으로 있던 회사에서도 정규직이 되지 못했다. 정규직이 되지 못했을 때 장그래는 또다시 실패자의 삶으로 떨어진다. 물론 외국어 공부를 하며 뭔가 새로운 도약을 꿈꾸는 것처럼 비춰지기도 했지만, 방바닥을 닦고 있는 모습에서, 이전 동료들과의 술자리 이후 집으로 터벅터벅 올라오는 모습에서는 어떻게 살아갈지 막막한 '잉여'의 모습이 비춰졌다. 이렇게 실패만 거듭하고 있으니 장그래의 인생은 정말 끝난 것일까? 인생은 그런 식으로 굴러가지 않는다. 장그래는 원인터내셔널의 정규직이 되지는 못했지만, 곧이어 다른 일을 하게 된다. 오히려 원인터내셔널의 정규직이 안 된 것이 다행인 것처럼 보이기까지 한다.

학생(예비 미생)과 사회 초년생(초짜 미생)의 시각에서 볼 때 장그래의 인생은 실패 그 자체다. 대학도 가지 못했고 영어도 못한다. 어려서부터 10년 이상 목표로 삼았던 것도 이루지 못했다. 명문 대학을 목표로 했다면 평범한 대학에라도 갈 수 있었겠지만, 장그래는 프로기사를 꿈꿨기에 그것이 좌절됐을 때 아무것도 없는 밑바닥으로 떨어져야 했다. 그리고 어찌어찌 인턴 생활을 시작했지만 결국 정규직이 되지도 못했다. 졸업장도 없고 자격증도 없고, 어떤 스펙도 없는 상태에서 계약해지까지 당했으니 장그래는 성공하지 못한 사람이다. 더구나 장그래의 전공은 바둑이다. 회사에서 아무런 쓸모도 없는 것을 전공했다. 이런 사람을 회사에서 원할 리가 없다. 학생의 시각에서 볼 때는 그렇게 판단할 수밖에 없다.

하지만 사회의 시각에서 볼 때 장그래의 인생은 누구도 단정할 수 없는 '가능성'이다. 학벌도 없고, 영어도 못하고, 회사 업무에 대해서도 잘 모르고, 문서 처리 능력도 부족하지만, 그래도 장그래의 앞날에는 가능성이 있다. 앞에서 내내 이야기했듯이, 사회에서는 학생들이 중요하다고 생각하는 스펙이 그렇게 중요하지 않기 때문이다. 열정이 있고, 노력하는 자세를 가지고 있고, 또 무엇이 중요한지를 제대로 파악하는 능력이 있다면 말이다. 대학을 다니지 못했고, 바둑처럼 회사 업무와 전혀 관계없어 보이는 것을 전공했더라도 장그래는 가능성 있는 사람이다.

사실 장그래는 아직 성공했다고 보기 어렵다. 그러나 장그래가 실패자라고 말하는 사람은 아무도 없다. 앞으로 남은 긴 인생에서 장그래는 점차 앞으로 나아갈 수 있을 것이다.

"중간에 멈추지 않고 계속해서 나아간다면 장그래는 앞으로 무언가 될 수 있을 것이다."

이것이 바로 드라마 〈미생〉을 본 사람들의 공통적인 인상이다.

이는 장그래뿐만 아니라 누구에게나 다 해당하는 것이다. 학생 때 중요하다고 생각하는 스펙, 나이, 학벌 같은 것은 사회에서는 그렇게 중요하지 않다. 학교에서 통용되는 사고방식과 사회에서 통용되는 사고방식이 다르기 때문이다. 학생으로서의 스펙을 더욱 늘리는 것보다 사회에서 정말로 요구하는 능력을 갖추는 것이 더 중요하다. 장그래는 학벌도 없고, 영어도 못하고, 자격증도 없고, 정규직 직원이 되지도 못했다. 하지만, 그래도 장그래는 직장 초년생들에게 힘과 용기를 주는 롤모델이다. 우리는 학교 모범생이 아니라 장그래가 되어야 한다. 그래야 이 치열한 사회에서 미생에서 완생으로 한걸음 더 나아갈 수 있을 것이다.

도대체 왜 회사는 학교처럼 가르쳐주지 않을까?
회사는 학교가 아니다
ⓒ 최성락·윤수경 2015

초판 인쇄 2015년 1월 16일
초판 발행 2015년 1월 26일

지은이 최성락·윤수경

펴낸이 강병선
편집인 김성수

기획·책임편집 김성수 **디자인** 이현정 **교정** 네오북
마케팅 방미연 이지현 함유지 **온라인 마케팅** 김희숙 김상만 한수진 이천희
제작 강신은 김동욱 임현식

펴낸곳 (주)문학동네
출판등록 1993년 10월 22일 제406-2003-000045호
임프린트 아템포

주소 413-120 경기도 파주시 회동길 210
문의전화 031-955-1930(편집) 031-955-2655(마케팅)
팩스 031-955-8855
전자우편 kss7507@munhak.com

ISBN 978-89-546-3451-9 13320

- 아템포는 문학동네 출판그룹의 임프린트입니다. 이 책의 판권은 지은이와 아템포에 있습니다.
- 이 책 내용의 전부 또는 일부를 재사용하려면 반드시 양측의 서면동의를 받아야 합니다.
- 이 도서의 국립중앙도서관 출판시도서목록(CIP)은 서지정보유통지원시스템 홈페이지(http://seoji.nl.go.kr)와 국가자료공동목록시스템(http://www.nl.go.kr/kolisnet)에서 이용하실 수 있습니다.(CIP제어번호: CIP2015000616)

www.munhak.com